入門ドイツ語
プラクティッシュ〈プラス〉

praktisch.de

〈plus〉

Kyoko Miyake
Michaela Koch

JN088927

SANSHUSHA

ドイツ語を話す国々
Die deutschsprachigen Länder

音声ダウンロード＆ストリーミングサービス（無料）のご案内

https://www.sanshusha.co.jp/text/onsei/isbn/9784384123074/

本書の音声データは、上記アドレスよりダウンロードおよびストリーミング再生ができます。ぜひご利用ください。

Download　Streaming

は じ め に

本書は楽しくドイツ語を学ぶことを目的とした、実践型のドイツ語教材です。
効果的に確実に、そして楽しみながらドイツ語が身につくようにさまざまな工夫をこらしました。

① **『ヨーロッパ共通参照枠』A1（最初のレベル）準拠**：本書は学習レベルを『ヨーロッパ共通参照枠』A1
（最初のレベル）に合わせました。したがって、文法事項は初学者に本当に必要な項目に絞りこまれてい
ます（学習効率を考慮し、A1の範囲外である3格の冠詞・目的語も取り上げています）。
② **豊富な練習問題**：1つの学習文法事項について、ゆっくりと十分な練習ができるよう各課の練習問題の
分量を多くしました。学習した知識が定着するよう、よく使う表現や語彙は繰り返して提示してありま
す。パートナー練習、ドリル練習をふんだんに用いて、話せるようになることを目指します。
③ **生きたドイツ語表現・語彙**：生きたドイツ語が身につくよう、できるだけ自然な表現を心がけました。
語彙はドイツ語圏での日常生活で実際に使える単語や熟語を中心に選んであります。たくさんのイラス
トを用いて、それぞれの場面をイメージしやすくし、臨場感を出しました（文字によってのみ単語を学
習するよりも絵と文字の両方で単語を学習したほうが、記憶成績はよいと言われています！）。
④ **聴解力アップ**：日本人が一般的に苦手だとされている聴解力を鍛えるために、たくさんの聴き取り問題
を設けました。もちろん音声はネイティブスピーカーによる吹き込みです。

改訂版では

⑤ **ワークブック（Arbeitsbuch）**をつけ、学生のみなさんが自習しやすいようにしました。豊富な練習問
題で文法と語彙の定着を図ることを目指します。
⑥ 巻末に**文法補足と動詞・冠詞の活用表**をつけました。

まずはこの教科書とともにドイツ語の授業に積極的に参加してみてください。そうすればきっとドイツ語
を話したり、聴いたりすることの楽しさを味わうことができるでしょう。表現することの喜びを知ること、
それが外国語上達への第一歩です。新しい「入門ドイツ語プラクティッシュ〈プラス〉」で、より楽しく実
践的にドイツ語を学んでいただけることを願っています。

著者

Vorwort

Das vorliegende Konversations–Lehrwerk richtet sich hauptsächlich an Lernende, die zum
ersten Mal mit der deutschen Sprache konfrontiert sind. Spaß am Fremdsprachenlernen und
die aktive Teilnahme am Unterricht sind die Ziele dieses Buchs.

Für die zehn Lektionen wurden Themen und Sprechsituationen des täglichen Lebens
gewählt. Die Lektionen im Kursbuch gliedern sich in kurze Dialoge mit Transferübungen
und Übungen des Hörverstehens. Der Großteil der Übungen soll mit einem Partner oder in
Gruppenarbeit durchgeführt werden, um den Lernenden möglichst viel Gelegenheit zum
Sprechen zu bieten.

Im Arbeitsbuch finden Sie Übungen zur Grammatik und zum Wortschatz. Die Grammatik-
progression dieses Buchs wurde dem Niveau A1 des Gemeinsamen Europäischen
Referenzrahmens angepasst und ermöglicht so die Einübung und Festigung der elementaren
Grammatik. Wiederholung des eingeführten Vokabulars soll die Festigung des Wortschatzes
gewährleisten.

Wir glauben, dieses Lehrwerk bietet eine sichere Basis für die elementare Kommunikation
und hoffen, ein Lehrwerk geschaffen zu haben, das den Student*innen Freude am
Unterricht und am Gebrauch der deutschen Sprache bereitet.

Die Autoren

INHALT

別冊　ワークブック Arbeitsbuch (Lektion 1 〜 10 ＋ Spiel ①〜④)

アルファベット das Alphabet

A a	[aː] Aa		**Q q**	[kuː] Qu		
B b	[beː] Be		**R r**	[ɛr] eR		
C c	[tseː] Ce		**S s**	[ɛs] eS		
D d	[deː] De		**T t**	[teː] Te		
E e	[eː] Ee		**U u**	[uː] Uu		
F f	[ɛf] eF		**V v**	[faʊ] Vau		
G g	[geː] Ge		**W w**	[veː] We		
H h	[haː] Ha		**X x**	[ɪks] iX		
I i	[iː] Ii		**Y y**	[ýpsilɔn] Ypsilon		
J j	[jɔt] Jot		**Z z**	[tsɛt] Zet		
K k	[kaː] Ka					
L l	[ɛl] eL		**Ä ä**	[ɛː] a-Umlaut		
M m	[ɛm] eM		**Ö ö**	[øː] o-Umlaut		
N n	[ɛn] eN		**Ü ü**	[yː] u-Umlaut		
O o	[oː] Oo					
P p	[peː] Pe		**ß**	[ɛs-tsɛ́t] EsZet		

発 音　die Aussprache ●●●●●●●●●●●●●●●●●●●●●●●●●●●●●●●●●●●

● 原則としてアクセントは最初の母音＝第一音節にあります。　◀── 例外・外来語

● アクセントのある母音は直後の子音字の数が１個のときは長く，２個以上のときは短く発音します。また，後ろにhがあるときも前の母音は長くなります。

♪ 02

長母音	短母音
・後ろの子音が１個のとき	・後ろの子音が２個以上のとき
Name　geben　Kino　Hose　gut	hallo　Test　bitte　Wolke　und

・後ろにhがあるとき

　fahren　sehen　ihm　wohnen　Schuh

♪ 03　**母音の発音**

A / a　　[a/a:]　大きく口を開けて

E / e　　[e/e:]　口の両端を横に思いっきりひっぱりながら、口の開きは狭めて

I / i　　[i/i:]　eよりもさらに口の両端を思いきりひっぱって。子供が「イーッだ！」と言うときのように

O / o　　[o/o:]　口を丸く突き出して

U / u　　[u/u:]　口をしっかりとがらせて

Ä / ä　　[ε/ε:]　日本語の「エー」とほぼ同じ

　　　　　　　　Gelände　　Käse　　Hände　　spät

Ö / ö　　[œ/ø:]　Oの口をして，「エー」と言う

　　　　　　　　hören　　können　　Österreich　　schön

Ü / ü　　[y/y:]　Uの口をして「イー」と言う

　　　　　　　　Büro　　fühlen　　fünf　　tschüs

♪ 04　**二重母音**

ei	[aɪ]アイ	nein	eins	klein	Seite
eu / äu	[ɔY]オイ	Deutsch	heute	Bäume	Häuser
au	[au]アオ	Auto	blau	Frau	Aufgabe
ie	[i:]イー	Bier	Liebe	Wien	viel

　　　　　例外：[iə] イエ　Familie　Ferien　Italien　Spanien　など

♪ 05　**子音**

ch　　a, o, u, auの後では息をのどの奥でかすれさせる [x]

　　　　　　　Nacht　　　doch　　　Buch　　　auch

　　　　上記以外の組み合わせのとき口の前方で息をかすれさせて「ヒ」[ç]

　　　　　　　China　　　ich　　　möchte　　　München

ig	語末ではichと同じ音 [ɪç]			
	fertig	König	wichtig	zwanzig

-ig の後に母音が来れば
普通に [ɪg] の音 Könige

s	母音の前では有声音 [z]			
	lesen	Saft	sein	singen
s	語末や音節末では無声 [s]			
	Bus	es	Glas	Haus
ss / ß	常に無声 [s]			
	essen	Fluss	groß	heißen
sch	[ʃ]	Englisch	Fisch	schlafen	schön
sp	語頭では [ʃp]			
	Spaß	spät	spielen	Sport
st	語頭では [ʃt]			
	stehen	Straße	Student	Stunde
tsch	[tʃ]	Deutsch	Quatsch	Tscheche	tschüs
v	[f]	intensiv	Vater	verstehen	viel
v	[v]（主に外来語）			
	violett	Universität	Video	Volleyball
w	[v]	Wasser	Welt	Westen	wir
chs / x	[ks]	sechs	wechseln	Fax	Text
j	日本語の「ヤユヨ」と似た音 [j]			
	Jahr	Japan	jetzt	Junge
pf	2文字で1つの音 [pf]			
	Apfel	Kopf	Pfeffer	Pfund
dt / th	tと同じ音 [t]			
	Stadt	Verwandte	Methode	Theater
z / tz / ds / ts	すべて [ts]			
	Zeit	sitzen	abends	nichts

♪ 06 語末のr，er

語末のrとerは口を小さく「ア」と母音化する。

r	[ɐ̆]	er	Tür	Uhr	wir
er	[ɐ̆]	aber	hier	Kinder	Mutter

♪ 07 語末・音節末のb，d，g

語末・音節末ではb, d, gは無声化する。

b	[p]	gelb	halb	Verb	abfahren
d	[t]	Abend	Land	und	Handcreme
g	[k]	Tag	Weg	Zug	täglich

6

sechs

Selbstvorstellung

自己紹介

♪ 08

出会ったとき   別れるとき

Guten Morgen.
Morgen!
おはよう

Gute Nacht!
おやすみ

Guten Tag.
Tag!   Hallo!
こんにちは

Tschüs!

Guten Abend.
Abend!
こんばんは

Auf Wiedersehen.
Wiedersehen!
さようなら

Danke schön!
ありがとう！

Vielen Dank!
どうもありがとう！

Bitte!
どうぞ！

Wie geht es Ihnen?/
Wie geht's?
ごきげんいかが？

Sehr gut.
とてもいい

Danke, gut.
いい

Es geht.
まあまあ

Nicht gut.
悪い

Und Ihnen? / Und dir?
あなたは（ごきげんいかが）？

Auch gut, danke.
私もいいです。ありがとう。

♪ 09 **Dialog 1**

Guten Tag. Ich heiße <u>Anne Bach</u>. Wie heißen Sie?

Mein Name ist <u>Maria Steiner</u>.

Ich heiße <u>Martin Fischer</u>.

Ich bin <u>Jonas</u>. Wie heißt du?

Ich heiße <u>Lina</u>.

○ Wie heißt du? ↘ / Wie heißen Sie? ↘ ● Ich heiße .... ↘

Ich bin .... ↘

Mein Name ist .... ↘

| Übung 1 | クラスメートに名前を尋ねてみましょう。 |

Machen Sie Dialoge. Stellen Sie sich gegenseitig vor.

♪ 10 **Dialog 2**

Woher kommst du, Lina?

Ich komme aus <u>Wien</u>. Und du?

Ich bin aus <u>Berlin</u>.

Wohnst du auch in <u>Berlin</u>?

Nein, ich wohne jetzt in <u>Hamburg</u>. Und du? Wo wohnst du?

Ich wohne in <u>Bremen</u>.

○ Woher kommst du? ↘ / Woher kommen Sie? ↘ ● Ich komme aus .... ↘

○ Woher bist du? ↘ / Woher sind Sie? ↘ ● Ich bin aus .... ↘

○ Wo wohnst du? ↘ / Wo wohnen Sie? ↘ ● Ich wohne in .... ↘

---

heißen ～という名前である　　mein 私の　　r Name 名前　　sein (ist / bin) ～である
kommen 来る　　aus ～から　　und そして／～と　　wohnen 住む　　auch ～もまた
in ～に　　nein いいえ　　jetzt 今
r：男性名詞　　e：女性名詞　　s：中性名詞　　pl.：複数形 (→ Lektion 3)

8

acht

♪ 11 **Hörübung 1** ドイツ語圏の町の名前を聴き取りましょう。

Wie heißen die Städte? Hören und ergänzen Sie.

① Hamburg   ② Magdeburg   ③ Berlin

④ _____   ⑤ Dresden   ⑥ _____

⑦ Dortmund   ⑧ _____   ⑨ _____

⑩ Bonn   ⑪ _____   ⑫ _____

⑬ _____   ⑭ _____   ⑮ _____

⑯ Wien   ⑰ Zürich   ⑱ _____

Übung 2 Hörübung 1 の町から選んで Dialog 2 の下線部を入れ替えて練習してみましょう。

Machen Sie Dialoge wie Dialog 2. Benutzen Sie die Städte aus Hörübung 1.

♪ 12 # Dialog 3

Hallo. Wer bist du?

Ich bin <u>Rosa</u>.
Ich komme aus <u>Spanien</u>.

Was machst du hier in Deutschland?
Bist du Studentin?

Ja, ich bin Studentin. Ich studiere <u>Jura</u>.
Und ich lerne auch <u>Deutsch</u>.

○ Wer bist du? / Wer sind Sie?   ● Ich bin ....

○ Was machst du? / Was machen Sie?   ● Ich bin Student/Studentin.

○ Was lernst du? / Was lernen Sie?   ● Ich lerne ....

○ Bist du Student/Studentin? /
　Sind Sie Student/Studentin?   ● Ich bin Student/Studentin.

wer 誰が   s Spanien スペイン   machen ～する   hier ここで/ここに   e Studentin (女子)
大学生   studieren 専攻する   Jura 法学   lernen 学ぶ   auch ～も   r Student (男子) 大学生

Dialog 3 の下線部を入れ替えて練習してみましょう。

Machen Sie Dialoge wie Dialog 3. Benutzen Sie die folgenden Vokabeln.

Lukas	Anna	Peter	Monika	ich

Konstanz	Wien	Freiburg	Tübingen	
Informatik	Medizin	Linguistik	Chemie	
Japanisch	Englisch	Französisch	Italienisch	

studieren

Wirtschaft 経済学	Technik 工学
Jura 法学	Biologie 生物学
Soziologie 社会学	Medizin 医学
Anglistik 英語英文学	Physik 物理学
Germanistik ドイツ語ドイツ文学	Chemie 化学
Psychologie 心理学	Informatik 情報科学
Pädagogik 教育学	Linguistik 言語学
Literatur 文学	BWL 経営学

lernen

Deutsch ドイツ語	Japanisch 日本語
Englisch 英語	Chinesisch 中国語
Französisch フランス語	Koreanisch 韓国語
Spanisch スペイン語	Portugiesisch ポルトガル語
Italienisch イタリア語	Arabisch アラビア語

♪ 13 **数詞** die Zahlen　空欄に数字を書き入れましょう。Ergänzen Sie die Zahlen.

0 null			
1 eins	11 elf	21 ein**und**zwanzig	
2 zwei	12 zwölf	22 zwei**und**zwanzig	
3 drei	13 drei**zehn**	23	30 dreißig
4 vier	14 vier**zehn**	24	40
5 fünf	15	25	50 fünfzig
6 sechs	16 sech**zehn**	26 sechs**und**zwanzig	60
7 sieben	17 sieb**zehn**	27 sieben**und**zwanzig	70
8 acht	18	28	80 achtzig
9 neun	19	29	90 neunzig
10 zehn	20 zwanzig		100 hundert

♪ 14 **Hörübung 2** 数字を聴き取りましょう。聴き取った数字の順にアルファベットを並べ替えましょう。
Welche Zahlen hören Sie? Markieren Sie die Zahlen und finden Sie das Lösungswort.

O	M	N	R	E	T	G	E	U	G	N
3	11	12	24	36	45	51	69	72	83	96

Lösung: __ __ __ __ __   __ __ __ __ __ __ !

♪ 15 Dialog 4

Wie alt sind Sie?

Ich bin 19 Jahre alt.

Ich bin auch 19.
Und du? Wie alt bist du?

Ich bin schon 20.

○ Wie alt bist du? / Wie alt sind Sie?   ● Ich bin (auch) .... (Jahre alt).

Übung 4 例のように練習してみましょう。Üben Sie mit Ihrem Partner/Ihrer Partnerin.

例 du / 19   ○ Wie alt bist du?   ● Ich bin 19 Jahre alt.

(1) Jonas / 18   (2) Sie / 36   (3) du / 21   (4) Johanna / 24
(5) Frau Klein / 41   (6) du / 12   (7) Annika und Eva /17   (8) ihr / 53

♪ 16 **Hörübung 3** 音声を聴いてメモを取りましょう。Hören Sie und notieren Sie.

Name	Herkunft	Wohnort	Alter	Studienfach
Luisa	Deutschland	Frankfurt	19	Chemie
Hans Steiner				
Mary				

s Alter 年齢   pl. Jahre → s Jahr 年   alt ～歳の／年とった   schon すでに／もう
Frau（女性）～さん   e Herkunft 出身   r Wohnort 居住地   s Studienfach 専攻

Übung 5 Hörübung 3 のメモをもとに、例のように人物紹介してみましょう。
Stellen Sie die Personen aus Hörübung 3 vor.

例 Luisa: Das ist Luisa. Sie ist 19 Jahre alt. Sie kommt aus Deutschland und wohnt jetzt in Frankfurt. Sie studiert Chemie.

Hans Steiner: _____

_____

Mary: _____

_____

Übung 6 a) クラスの3人にインタビューをしてみましょう。
Machen Sie Interviews in der Klasse.

Name	Herkunft	Wohnort	Alter	Studienfach

b) 自分がインタビューしたクラスメートを紹介してみましょう。
Berichten Sie über die Personen aus a).

♪ 17 **Hörübung 4** 音声を聴き、単語と単語の間に「/」を入れ、正しく書き直しましょう。
Hören Sie. Wie schreibt man die Sätze richtig?

hallobistduklausneinichheißelukasichstudierehierphysikichbinauchstudentinmein
nameistrosaichlernehierdeutsch

○ _____

● _____

○ _____

♪ 18 **Hörübung 5** 会話の中に出てくる文に✓をつけましょう。Welche Sätze hören Sie?

☐ Guten Tag.　　　　　　　　　☐ Ich studiere Biologie.
☐ Ich lerne Deutsch.　　　　　　☐ Ich lerne jetzt Französisch.
☐ Sind Sie Student?　　　　　　☐ Ich lerne jetzt Japanisch.
☐ Bist du auch Studentin?　　　　☐ Bist du Student?

GRAMMATIK

1 動詞の現在人称変化

ドイツ語では主語に合わせて動詞の語尾が変化します。
動詞は語幹と語尾からできています。

> どの辞書にも見出し語として掲載されている形（動詞の原形）

不定形（不定詞）

komm en

語幹 語尾

> 不定形の語尾は通常は -en

> 「まだ主語が定まっていない」という意味

> 動詞の意味を担う部分

主語が ich の場合　　komm**en**

→ 不定形の語尾 -en を取って

ich の語尾 -e をつける ←

ich komm e

定形（定動詞）

> 「主語が定まった」という意味

ポイント1

1人称 ich の語頭は小文字（文頭は大文字）

		人称代名詞		語尾	kommen 来る	arbeiten 働く	heißen 〜という 名前である	sein 〜である
単数	1人称	ich	私は	-e	komme	arbeite	heiße	bin
	2人称親称	du	君は	-st	kommst	arbeitest	heißt	bist
	3人称	er/sie/es	彼／彼女／ それは	-t	kommt	arbeitet	heißt	ist
複数	1人称	wir	私たちは	-en	kommen	arbeiten	heißen	sind
	2人称親称	ihr	君たちは	-t	kommt	arbeitet	heißt	seid
	3人称	sie	彼らは／それらは	-en	kommen	arbeiten	heißen	sind
単複	2人称敬称	Sie	あなた（たち）は	-en	kommen	arbeiten	heißen	sind

ポイント2

2人称敬称 Sie の語頭は常に大文字

ポイント3

2人称親称 du, ihr は親しい間柄の相手（肉親、友人、子供、神、ペットなど）に用いる

ポイント4　口調上の -e-

語幹が -d, -t で終わる動詞は発音しやすくするために、2人称親称単数形 du や
3人称単数形 er/sie/es、2人称親称複数形 ihr の語尾の前に -e- を挿入する

ポイント5

語幹が -s, -ß, -ss, -z で終わる動詞は2人称親称単数形 du の語尾
-st の s が落ちて -t となる

2 疑問文の作り方

(1) 決定疑問文（Ja/Nein（英 Yes/No）で答える疑問文）の場合は、定形（定動詞）を文頭（第1位）に移します。

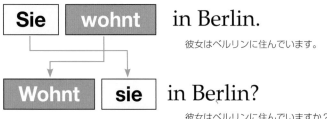

| **Sie** | **wohnt** | in Berlin. |

彼女はベルリンに住んでいます。

| **Wohnt** | **sie** | in Berlin? |

彼女はベルリンに住んでいますか？

Ja, sie wohnt in Berlin.   はい、彼女はベルリンに住んでいます。

Nein, sie wohnt nicht in Berlin.   いいえ、彼女はベルリンに住んでいません。

(2) 補足疑問文（疑問詞で始まる疑問文）の場合はさらに疑問詞を定形（定動詞）の前に置きます。

疑問詞を
文頭に移動

| **Wohnt** | **sie** | in Berlin? |

彼女はベルリンに住んでいますか？   Wo?

| **Wo** | **wohnt** | **sie** | ? |

彼女はどこに住んでいますか？

疑問詞

| **was** | 何が／何を |
| Was ist das? |

| **wer** | 誰が →活用は94ページ参照 |
| Wer ist das? |

| **wann** | いつ |
| Wann kommen Sie? |

| **wie** | どのように |
| Wie heißen Sie? |

| **warum** | なぜ |
| Warum kommen Sie nicht? |

woher	どこ から	Woher kommen Sie?
wo	どこ に／で	Wo wohnen Sie?
wohin	どこ へ	Wohin gehen Sie?

Freizeit

余暇

Herr Schneider

Frau Gärtner

Markus

Makiko

Mathias

Olaf

Björn

Julia

Fritz und Thomas

Lina

Frau Meier

Herr und Frau Gunze

Ute und Stefan

Herr Fischer

Herr Klein

Johanna

Auto fahren	**Deutsch sprechen**	**einkaufen gehen**	**essen**
Filme sehen	**Fußball spielen**	**Karate machen**	**Klavier spielen**
kochen	**lesen**	**malen**	**Musik hören**
schlafen	**Ski fahren/laufen**	**singen**	**tanzen**

Übung 1   a) 15 ページの動詞の中から不規則変化動詞を選び、2 人称親称単数形と 3 人称単数形を書き入れましょう。

Tragen Sie die unregelmäßigen Verben von Seite 15 in die Tabelle ein.

不定詞	2 人称親称単数形	3 人称単数形
lesen	du liest	er/sie/es liest

b) 15 ページのイラストを見ながら、例のように会話してみましょう。

Machen Sie Dialoge.

例 ○ Was macht Herr Schneider gern?   ● Er liest gern.

♪ 19 **Dialog 1**

Was machen Sie gern?

**Ich lese gern Romane.
Mein Hobby ist Lesen.**

**Ich fahre gern Ski und
tanze auch sehr gern.**

**Fährst du auch gern Ski?
Oder was machst du gern?**

**Nein, ich fahre nicht gern Ski.
Ich mache nicht gern Sport.
Aber ich sehe oft Filme.
Und du?**

**Mein Hobby ist
Tennis spielen.**

○ Was machst du gern? / Was machen Sie gern?   ● Ich .... (sehr) gern.

Mein Hobby ist ....

Übung 2   15 ページのイラストを見ながら、趣味について会話してみましょう。

Machen Sie Dialoge. Benutzen Sie die Vokabeln auf Seite 15.

Herr (男性) ～さん   gern ～を好んで、喜んで   *pl.* Romane → *r* Roman 小説   *s* Hobby 趣味
sehr とても   oder あるいは   nicht ～ない   *r* Sport スポーツ   aber しかし   oft よく、しばしば
pl. Filme → *r* Film 映画   *s* Tennis テニス

Hörübung 1 クラスの人にインタビューしてみましょう。それから Carmen と William のインタビューを聴いてメモを取りましょう。Machen Sie Interviews in der Klasse. Hören Sie und notieren Sie. Was machen Carmen und William gern/nicht gern?

Name	Filme sehen	Fahrrad fahren	singen	Zeitung lesen	Deutsch sprechen
Makiko	○	○	×	×	○
Carmen					
William					

Übung 3 a) Carmen と William について聴き取った結果を例のように作文しましょう。
Schreiben Sie wie im Beispiel.

例 Makiko sieht gern Filme, fährt gern Fahrrad und spricht gern Deutsch, aber sie singt nicht gern und liest nicht gern Zeitung.

Carmen _____

_____

William _____

_____

b) インタビューの結果を発表しましょう。
Berichten Sie über die Interessen der Personen aus dem Interview.

♪ 21 **Dialog 2**　**Sag mal, Lina. Was <u>hörst</u> du lieber? <u>Rock</u> oder <u>Klassik</u>?**

Lieber <u>Rock</u>. <u>Klassik</u> mag ich nicht so gern. Und du?

Ich höre auch lieber <u>Rock</u>.

Übung 4 Dialog 2 の下線部を入れ替えて練習してみましょう。Machen Sie Dialoge.

(1) lesen: Manga, Romane
(2) sehen: Baseball, Fußball
(3) fahren: Ski, Snowboard
(4) sprechen: Deutsch, Englisch
(5) essen: Brot, Reis
(6) spielen: Volleyball, Basketball

s Fahrrad 自転車　singen 歌う　*e* Zeitung 新聞　sagen 言う　mal ちょっと
lieber（gern の比較級）〜をより好んで　*r* Rock ロック（音楽）　*e* Klassik クラシック（音楽）
mag → mögen 好む　so それほど　*r* Manga マンガ　*r* Baseball 野球
r Fußball サッカー　*s* Snowboard スノーボード　*s* Brot パン　*r* Reis お米、ごはん
r Volleyball バレーボール　*r* Basketball バスケットボール

| Übung 5 | 練習してみましょう。Üben Sie. |

○ Spielt Thomas Tennis?　　　● Ja, er spielt oft Tennis.

nie　　selten　　manchmal　　oft　　jeden Tag

	Thomas	Andrea	ich	Ihr Partner/Ihre Partnerin
Sport machen	oft	selten		
tanzen	manchmal	nie		
kochen	jeden Tag	selten		
ins Kino gehen	nie	manchmal		
Fahrrad fahren	oft	jeden Tag		
E-Mail lesen	jeden Tag	oft		

♪ 22 **Dialog 3**

Hallo, Lina! Hallo, Jonas! Was macht ihr heute?

Wir gehen jetzt schwimmen.

Dann viel Spaß!

Komm doch auch! Oder schwimmst du nicht gern?

Doch, ich schwimme eigentlich gern, aber leider habe ich gleich Unterricht.

Ach, schade!

nie 決して～ない　　selten めったに～ない　　manchmal ときどき　　jeden Tag 毎日
ins → in das ～へ　　s Kino 映画館　　e E-Mail Eメール　　r Partner / e Partnerin パートナー
heute 今日　　schwimmen 泳ぐ　　dann それでは、それじゃあ　　viel Spaß! 楽しんでね！
doch （命令文で）ぜひ、（否定疑問文などに対する返事で）いいえ　　eigentlich 本来は
leider 残念ながら　　gleich すぐに　　r Unterricht 授業
ach （驚き・悲しみ・苦しみなどを表わして）ああ、まあ　　schade 残念な

| Übung 6 | a) 正しい答えを選び、線で結びましょう。Welche Antwort passt? Verbinden Sie. |

(1) Isst du gern Fleisch? • • (a) Doch, ich spiele Tennis, jogge und mache Karate.

(2) Sprichst du Deutsch? • • (b) Ja, Deutsch und Japanisch.

(3) Fährst du Ski oder Snowboard? • • (c) Nein, lieber Baseball.

(4) Siehst du nicht gern Fußballspiele? • • (d) Nein, lieber Fisch.

(5) Machst du nicht gern Sport? • • (e) Ich fahre manchmal Snowboard.

b) 決定疑問文（否定疑問文を含む）を6つ作り、クラスメートに質問してみましょう。
Schreiben Sie sechs Ja-/Nein-Fragen (auch Negativ-Fragen) und machen Sie ein Interview mit Ihrem Partner/Ihrer Partnerin. Kreuzen Sie seine/ihre Antwort an.

(1) _____? ☐ Ja ☐ Nein ☐ Doch

(2) _____? ☐ Ja ☐ Nein ☐ Doch

(3) _____? ☐ Ja ☐ Nein ☐ Doch

(4) _____? ☐ Ja ☐ Nein ☐ Doch

(5) _____? ☐ Ja ☐ Nein ☐ Doch

(6) _____? ☐ Ja ☐ Nein ☐ Doch

月 Montag   火 Dienstag   水 Mittwoch   木 Donnerstag

金 Freitag   土 Samstag   日 Sonntag

♪ 23 **Dialog 4**   **Hast du am Samstag Zeit?**

Nein, leider nicht. Am Samstag gehe ich einkaufen und abends treffe ich Tina.

Und am Sonntag?

Ja, am Sonntag habe ich Zeit. Warum fragst du?

Gehen wir zusammen ins Kino? Es läuft „Star Wars".

Ja, gern. Gute Idee!

| Übung 7 | 例のように会話してみましょう。Machen Sie Dialoge. |

例 Lina   ○ Hat Lina heute Zeit?   ● Ja, sie hat Zeit.

(1) du   (2) ihr   (3) Herr und Frau Fischer   (4) Jonas

(5) Sie   (6) wir   (7) Frau Bach   (8) Ute und Anna

> s Fleisch 肉   pl. Fußballspiele → s Fußballspiel サッカーの試合   joggen ジョギングをする
> r Fisch 魚   am → an dem ～に   e Zeit 時間   abends 夕方に   treffen 会う
> fragen 尋ねる   zusammen 一緒に   läuft → laufen 走る／歩く、（映画などが）上映される
> gute → gut よい   e Idee アイデア

Dialog 4 のように会話してみましょう。Machen Sie Dialoge wie Dialog 4.

○ Hast du Zeit? / Haben Sie Zeit?	● Ja, ich habe Zeit. Nein, leider nicht. Warum fragst du?
○ Gehen wir ins Kino?	● Ja, gern. Gute Idee. Ach, ich weiß nicht.

wissen

ich   weiß
du   weißt
er/sie/es   weiß

♪ 24 **Hörübung 2** 音声を聴き、単語と単語の間に「/」を入れ、正しく書き直しましょう。
Hören Sie. Wie schreibt man die Sätze richtig?

sagmalfelixfährstdugernskineinliebersnowboardunddufährstdunicht
snowboarddochmanchmal

○ _____

● _____

○ _____

♪ 25 **Hörübung 3** 会話の中に出てくる文に ✓ をつけましょう。Welche Sätze hören Sie?

☐ Was machst du denn am Samstag?   ☐ Am Freitag habe ich Zeit.

☐ Leider nicht.   ☐ Sehen wir dann zusammen einen Film?

☐ Da spiele ich Golf.   ☐ Da spiele ich Tennis.

☐ Ich gehe gern ins Kino.   ☐ Schade.

Tina は Frank に会いたいと思っています。Frank にメールを送りましょう。
Tina will Frank treffen. Schreiben sie die Nachricht.

du – am Samstagabend – Zeit haben?
wir – essen gehen?
du – gern - Sushi essen?

Hallo Frank,

....

....

....

....

Tina

weiß → wissen 知っている   Ich weiß nicht. どうかなあ（私は知りません）
denn（疑問文で驚き・関心などを表わして）いったい…なのか   da（時間的に）そのとき   s Golf ゴルフ
r Samstagabend 土曜日の夜

GRAMMATIK

変化には a → ä、e → i、e → ie の３つの型がある

1 不規則変化動詞

２人称親称単数形 du と３人称単数形 er/sie/es で幹母音（語幹の中心となる母音）が変化する動詞があります。

人称代名詞	fahren （乗り物で）行く	essen 食べる	sprechen 話す	lesen 読む	sehen 見る	haben 持っている	mögen 好む
ich	fahre	esse	spreche	lese	sehe	habe	mag
du	fährst	isst	sprichst	liest	siehst	hast	magst
er/sie/es	fährt	isst	spricht	liest	sieht	hat	mag
wir	fahren	essen	sprechen	lesen	sehen	haben	mögen
ihr	fahrt	esst	sprecht	lest	seht	habt	mögt
sie	fahren	essen	sprechen	lesen	sehen	haben	mögen
Sie	fahren	essen	sprechen	lesen	sehen	haben	mögen

幹母音が変化するのは２人称親称単数形と３人称単数形だけ

a → ä 型の動詞
schlafen 眠る
laufen 走る
waschen 洗う
tragen 身につける
gefallen 気に入る

e → i 型の動詞
helfen 助ける
treffen 会う
geben 与える

e → ie 型の動詞
empfehlen 薦める

2 語順　定形（定動詞）第２位

文中において定形は第２位に位置します。

第２位

Ich | **wohne** | jetzt in Berlin.

私はいまベルリンに住んでいます。

ポイント1
平叙文では定形（定動詞）は第２位に置く

Jetzt | **wohne** | ich in Berlin.

いま私はベルリンに住んでいます。

ポイント2
主語が文頭に来るとは限らず、強調したい要素や副詞、既知の情報が第１位に置かれることが多い

In Berlin | **wohne** | ich jetzt.

ベルリンに私はいま住んでいます。

ポイント3
第１位に置かれる要素は1語とは限らず、前置詞＋名詞など句や節の場合もある

3 動詞の名詞化

動詞の不定形は語頭を大文字書きして、名詞的に「〜すること」という意味で用いることができます。

語頭を大文字書き

Mein Hobby ist *Singen*.　　私の趣味は歌うことです。

Mein Hobby ist *Tennis spielen*.　　私の趣味はテニスをすることです。

前に名詞等があるときは、大文字書きしない

4 否定疑問文の用法

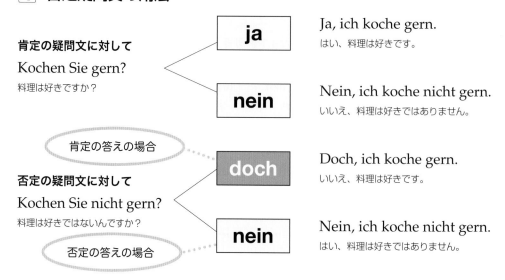

肯定の疑問文に対して
Kochen Sie gern?
料理は好きですか？

ja	Ja, ich koche gern. はい、料理は好きです。
nein	Nein, ich koche nicht gern. いいえ、料理は好きではありません。

肯定の答えの場合

否定の疑問文に対して
Kochen Sie nicht gern?
料理は好きではないんですか？

doch	Doch, ich koche gern. いいえ、料理は好きです。
nein	Nein, ich koche nicht gern. はい、料理は好きではありません。

否定の答えの場合

5 否定詞 nicht の位置 (1)

(1) 全文否定（動詞を否定する場合）

Er kommt heute nicht. 彼は今日来ません。

> nicht は文末

(2) 部分否定（否定したい語がある場合）

Er kommt nicht heute. 彼は今日は来ません。

> nicht は否定したい語の前

(3) 熟語の場合（動詞とある文成分が密接に結びついている場合）

Ich <u>fahre</u> nicht <u>Auto</u>. 私は運転しません。

> nicht は動詞と密接に結びついている文成分の前

(4) sein＋述語（形容詞・副詞・名詞）の場合

Er <u>ist</u> nicht <u>modisch</u>. 彼はおしゃれではありません。

> nicht は述語の前

6 並列接続詞

ドイツ語には定形第2位の法則がありますが、aber（しかし）、oder（あるいは）、und（～と／そして）などの並列接続詞は動詞の語順に影響を与えません。

並列接続詞	
aber	しかし
oder	あるいは
und	～と／そして

Ich komme aus Berlin, aber ich wohne in Wien.
　　私はベルリン出身ですが、ウィーンに住んでいます。

Spielen wir Tennis oder gehen wir ins Kino?
　　テニスをする？　それとも映画に行く？

Ich spiele Klavier und Leonie spielt Gitarre.
　　私はピアノを弾き、レオニーはギターを弾きます。

Gegenstände

持ち物

Tim

Felix

pl. Batterien	*r* Bleistift	*e* **Brille**	*pl.* CDs	*s* Etui
e **Jeans**	*s* Smartphone/ *s* Handy	*s* Heft	*r* Hut	*r* Kugelschreiber/ *r* Kuli
r Laptop	*pl.* Ohrhörer/ *r* Kopfhörer	*s* Portemonnaie	*r* Rucksack	*pl.* Schlüssel
e **Schokolade**	*e* **Tasche**	*r* Wecker	*s* Buch	*e* **Zeitschrift**

23

Was ist das?

Das ist <u>ein Kuli</u>.

Nein, das ist <u>kein Kuli</u>.
Das ist <u>ein Bleistift</u>.

Und das?
Ist das <u>eine Kamera</u>?

Nein, nein. Das ist
<u>keine Kamera</u>.

Ich glaube, das ist
<u>ein Smartphone</u>.

○ Was ist das?	● Das ist ein/eine .... / Das sind ....
	Das ist kein/keine .... / Das sind keine ....

Übung 1   a) 下線部の単語を入れ替えて Dialog 1 を練習してみましょう。
Üben Sie mit Ihrem Partner/Ihrer Partnerin.

e Uhr	s Smartphone	s Buch	s Etui	e Tasche
r Wecker	s Tablet	s Heft	s Portemonnaie	r Rucksack

b) 23 ページのイラストを見ながら、例のようにパートナーに質問してみましょう。
Fragen Sie sich gegenseitig nach den Gegenständen auf Seite 23.

例 Was ist das?
Ist das ein/eine ...?
Ist das kein/keine ...?

Ah, ja.
Entschuldigung, was
kostet <u>der Schirm</u>?

Schau mal,
da ist <u>ein Schirm</u>.

Er kostet 5 Euro.

r Fernseher
e Kamera   €36,20   e Sonnenbrille   €23,00   e Jeans
€6,80
r Schirm — €5,00
€13,70
pl. Schuhe   €16,00   €12,50   €9,60   €15,50   €11,90   €17,20
e Uhr   r Rucksack   s Portemonnaie   r Hut   s Radio

das それは（指示代名詞）   glauben 思う、信じる   schau mal ねえ見て   da（場所）そこに／で
entschuldigung すみません   kosten 値段が～である   r Euro ユーロ

○ Was kostet/kosten ....?	● Er/Sie/Es kostet .... Euro.
Wie viel kostet/kosten ....?	Sie kosten .... Euro.

Übung 2　イラストを見ながら Dialog 2 の下線部を入れ替えて練習してみましょう。
Machen Sie Dialoge wie Dialog 2.

♪ 28 **Dialog 3**

Mensch, wo ist denn mein Schlüssel?

Mein Schlüssel ist weg.

Was ist denn?

**Dein Schlüssel?
Hier ist er doch!**

Gott sei Dank!

Übung 3　Dialog 3 の下線部を入れ替えて練習してみましょう。Machen Sie Dialoge.

(1) *e* Brille　　(2) *r* Schirm　　(3) *s* Smartphone　　(4) *pl.* Schuhe

Das ist ...... Hier/Da ist ...... Wo ist ......?			Das sind ...... Hier/Da sind ...... Wo sind ......?
男 ein/kein mein/dein　Kuli der ↓ er	中 ein/kein mein/dein　Smartphone das ↓ es	女 eine/keine meine/deine　Tasche die ↓ sie	複数 -/keine meine/deine　CDs die ↓ sie

♪ 29 **Dialog 4**

Hat Felix einen Laptop?

Nein, er hat keinen Laptop.

Und Tim?

Ja, er hat einen Laptop.

Übung 4　23 ページのイラストを見ながら、Dialog 4 のようにパートナーと会話してみましょう。
Machen Sie Dialoge wie Dialog 4. Benutzen Sie die Vokabeln auf Seite 23.

wie viel どれだけ　　Mensch（間投詞的に）うわー！　　weg sein なくなった
doch（確認・非難・反論などを表わして）〜だよ　　Gott sei Dank! やれやれ

Hörübung 1 Rosa のバッグに入っているものには○、入っていないものには×をつけましょう。

Was hat Rosa in ihrer Tasche? Markieren Sie.

r Schlüssel   *e* Sonnenbrille   *e* Schokolade   *s* Portemonnaie   *s* Handy   *s* Heft
e Zeitschrift   *s* Etui   *r* Kopfhörer   *e* Brille   *r* Kuli

Übung 5 23 ページの単語を使って例のように複数形で尋ねてみましょう。

Fragen Sie Ihren Partner/Ihre Partnerin. Benutzen Sie die Vokabeln auf Seite 23.

例 ○ Wie viele Kulis hast du?   ● Ich habe 3 Kulis. Und du?   ○ Ich habe nur zwei.

♪ 31 **Dialog 5**

Kann ich Ihnen helfen?

Ja, bitte. Ich suche <u>einen Hut</u>.

Aber gern. <u>Die Hüte</u> sind dort drüben.

Wie findest du <u>den Hut</u> hier?
<u>Er</u> ist nicht so teuer.

Hm ... <u>Er</u> ist ein bisschen altmodisch. <u>Den Hut</u> mag ich nicht.

<u>Der Hut</u> hier ist sehr beliebt. <u>Er</u> ist ganz modern.

Oh, ja! <u>Den Hut</u> finde ich schön. Ich kaufe <u>ihn</u>.

Vielen Dank. Kommen Sie bitte zur Kasse.

gut – schlecht   teuer – billig   schön – hässlich   praktisch – unpraktisch
neu – alt   modern – unmodern (altmodisch)   groß – klein
interessant – langweilig

Übung 6 Dialog 5 の下線部を入れ替えて練習してみましょう。Machen Sie Dialoge.

(1) *r* Rucksack   (2) *e* Kamera   (3) *pl.* Schuhe   (4) *s* Portemonnaie

nur ただ～だけ   Kann ich Ihnen helfen? いらっしゃいませ、何かお手伝いしましょうか？
bitte どうかお願いします   suchen さがす   dort drüben その向こうに   finden 思う、見つける
teuer 高価な   ein bisschen 少し   altmodisch 流行遅れの   beliebt 人気がある   ganz とても
modern モダンな   schön すてきな、美しい   kaufen 買う   zur → zu der ～へ   *e* Kasse レジ
gut 良い   schlecht 悪い   billig 安い   hässlich 醜い   praktisch 実用的な
unpraktisch 非実用的な   neu 新しい   alt 古い   unmodern 流行遅れの   groß 大きい
klein 小さい   interessant 興味深い、おもしろい   langweilig 退屈な

Dialog 6

Jonas, wo bleibst du? Wir haben keine Zeit mehr.

Moment noch! Ich suche <u>meinen Schlüssel</u>.

Was? Suchst du schon wieder <u>deinen Schlüssel</u>?

Ah, hier ist <u>er</u> ja! Ich komme.

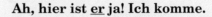

| Übung 7 | Übung 3 の単語を使って、Dialog 6 の下線部を入れ替えて練習してみましょう。 |

Machen Sie Dialoge. Benutzen Sie die Vokabeln aus Übung 3.

○ Hast du ....?/Kaufst du ....?   ● Ich habe/suche/nehme ....
○ Findest du .... gut?   ● Ja/Nein, ich finde ....

男	中	女	複数
einen/keinen	ein/kein	eine/keine	- /keine
meinen/deinen Kuli	mein/dein Smartphone	meine/deine Tasche	meine/deine CDs
den	das	die	die
↓	↓	↓	↓
ihn	es	sie	sie

Hörübung 2 音声を聴き、単語と単語の間に「/」を入れ、正しく書き直しましょう。

Hören Sie. Wie schreibt man die Sätze richtig?

jonashastdueinenkugelschreiberneinleidernichtodereinenbleistiftjaeinenbleistift
habeichhierbitte

○ _____

● _____

○ _____

● _____

Hörübung 3 会話の中に出てくる文に ✓ をつけましょう。Welche Sätze hören Sie?

☐ Verzeihung.   ☐ Was kostet die Tasche?

☐ Moment bitte.   ☐ Das ist aber billig.

☐ Das ist aber teuer.   ☐ Er kostet nur 23 Euro.

☐ Er kostet nur 32 Euro.   ☐ Ich brauche keinen Rucksack.

---

bleiben とどまる   mehr（否定を表わす語とともに）もう〜ない   Moment! ちょっと待って！
noch まだ   schon wieder またもや   ja（驚きなどを表わして）まさに〜だ   nehmen 取る
e Verzeihung すみません   brauchen 必要とする

お互いの好きなものについて例のように話してみましょう。

Sprechen Sie über Ihre Lieblingssachen.

r Sport

e Farbe

s Essen

e Kleidung

r Gegenstand

Was ist dein Lieblingssport?

Mein Lieblingssport ist Tennis.
Seit 5 Jahren spiele ich Tennis.

Was ist dein Lieblingsgegenstand?

Mein Lieblingsgegenstand ist eine
Tasche. Sie ist aus Leder und sehr
groß. Ich finde sie praktisch.

> Mein Lieblingsgegenstand ist ein/eine ....
>
> Ich habe ihn/es/sie seit .... Jahren.
>
> Er/Es/Sie ist .... cm groß.
>
> Er/Es/Sie kostet .... Euro.
>
> Er/Es/Sie ist aus Leder (Plastik / Stoff / Holz / Metall / ...)
>
> Ich finde ihn/es/sie schön (praktisch / gut / niedlich / interessant / ...)

e Farbe 色　　*e* Kleidung 服　　Lieblings- (名詞につけて) 大好きな　　*r* Gegenstand モノ
seit ~以来　　aus (材料) ~でできている　　*s* Leder 革　　*s* Plastik プラスティック　　*r* Stoff 布地
s Holz (素材として) 木　　*s* Metall 金属　　niedlich かわいい

GRAMMATIK

1 名詞の性

ドイツ語の名詞（単数形）には文法上の性（男性・女性・中性）があり、名詞の性により冠詞が異なります。

> 名詞の性は文法上のグループ分けで、私たちの感覚や生物学上の性とは必ずしも一致しない

男性名詞　　　　　　　　中性名詞　　　　　　　女性名詞　　　　　　　複数形

der/ein Kugelschreiber　　das/ein Buch　　die/eine Tasche　　die/- Schuhe

定冠詞　　　不定冠詞　　　ポイント1　　　　　　　　　　ポイント2

㊤the　　㊤a/an

> ポイント1
> ドイツ語の名詞は語頭を大文字で書く

> ポイント2
> 名詞は定冠詞（㊤the）をつけて覚えるとよい

この教科書では名詞の性を各定冠詞 der・das・die の最後のアルファベットで表記します。

> 男性名詞は r、中性名詞は s、女性名詞は e、複数形は Plural（複数形）の短縮形 pl. で表記

2 冠詞の1格と4格

冠詞は名詞の性・数・格によって変化します。

◆定冠詞・不定冠詞

1格　Das ist ein Kugelschreiber.　　　　　これはボールペンです。
　　　Der Kugelschreiber ist teuer.　　　　このボールペンは高いです。

4格　Ich kaufe einen Kugelschreiber.　　　私はボールペンを買います。
　　　Ich finde den Kugelschreiber teuer.　私はこのボールペンを高いと思います。

		男性名詞	中性名詞	女性名詞	複数形
定冠詞	1格	der	das	die	die
	4格	den	das	die	die

		男性名詞	中性名詞	女性名詞	複数形
不定冠詞	1格	ein	ein	eine	-
	4格	einen	ein	eine	-

> ポイント3
> 男性名詞以外、1格と4格は同じ

◆否定冠詞：不定冠詞つき（あるいは無冠詞）の名詞を否定する場合には否定冠詞 kein を用います。

1格　Ist das ein Kugelschreiber?　　　　　　これはボールペンですか？
　　　Nein, das ist kein Kugelschreiber.　　　いいえ、ボールペンではありません。

4格　Haben Sie einen Kugelschreiber?　　　　あなたはボールペンを持っていますか？
　　　Nein, ich habe keinen Kugelschreiber.　いいえ、私はボールペンを持っていません。

格変化は不定冠詞型		男性名詞	中性名詞	女性名詞	複数形
否定冠詞	1格	kein	kein	keine	keine
	4格	keinen	kein	keine	keine

◆**所有冠詞**：所有関係は所有冠詞で表わします。

人称代名詞	ich	du	er	sie	es	wir	ihr	sie	Sie
所有冠詞	mein 私の	dein 君の	sein 彼の	ihr 彼女の	sein それの	unser 私たちの	euer 君たちの	ihr 彼らの	Ihr あなた(たち)の

格変化は不定冠詞型		男性名詞	中性名詞	女性名詞	複数形
所有冠詞	1格	mein	mein	mein**e**	mein**e**
	4格	mein**en**	mein	mein**e**	mein**e**

3 人称代名詞

	単					複			単複
	1人称	2人称 （親称）	3人称 (男)	(女)	(中)	1人称	2人称 （親称）	3人称	2人称 （敬称）
1格	ich	du	er	sie	es	wir	ihr	sie	Sie
4格	mich	dich	ihn	sie	es	uns	euch	sie	Sie

1格 ○ Wo wohnt Hans? ハンスはどこに住んでいますか？
　　● Er wohnt in München. 彼はミュンヘンに住んでいます。

4格 ○ Kennst du Hans? 君はハンスを知っていますか？
　　● Ja, ich kenne ihn. はい、私は彼を知っています。

ポイント4

名詞の性の違いは人称代名詞の選択に反映される

1格 ○ Wo ist der Kugelschreiber? ボールペンはどこですか？
　　● Er ist hier. （それは）ここにあります。

4格 ○ Wie findest du den Kugelschreiber? （その）ボールペンをどう思う？
　　● Ich finde ihn gut. 私は（それを）いいと思うよ。

4 名詞の複数形

名詞の複数形は5つの型に分けられます。複数形に性の区別はありません。

	幹母音 a, o, u, au の変音の有無	単数形	複数形	
無語尾型	変音しない 変音する	der Kugelschreiber der Nagel	die Kugelschreiber die Nägel	-er, -el に終わる 男性名詞に多い
E型	変音しない 変音する	der Tisch der Topf	die Tische die Töpfe	単音節の男性名詞に 多い
ER型	変音しない 変音する	das Bild das Haus	die Bilder die Häuser	中性名詞に多く、 女性名詞はない
[E] N型	変音しない	die Batterie	die Batterien	女性名詞に多い
S型	変音しない	das Handy	die Handys	外来語、略語に多い

r Bruder　　*r* Cousin　　**e Cousine**　　*s* Ehepaar　　*pl.* Eltern　　**e Frau**

pl. Geschwister　　*pl.* Großeltern　　**e Großmutter**　　*r* Großvater　　*pl.* Kinder

r Mann　　**e Mutter**　　*r* Neffe　　**e Nichte**　　*r* Onkel

e Schwester　　*r* Sohn　　**e Tante**　　**e Tochter**　　*r* Vater

Dialog 1

Hast du Geschwister?

Ja, ich habe <u>eine Schwester</u> und <u>einen Bruder</u>.
<u>Meine Schwester</u> heißt Ulrike.
Sie ist 28 Jahre alt und verheiratet.

Hat sie Kinder?

Ja, sie hat <u>einen Sohn</u>.

Hier habe ich ein Foto.
Das sind <u>meine Eltern</u>, <u>meine Schwester</u>,
<u>ihr Mann</u> und <u>mein Neffe</u>.
Daneben steht <u>mein Bruder</u>.

Was ist dein Vater von Beruf?

Er ist <u>Ingenieur</u>.
Er arbeitet bei Bosch.

○ Hast du Geschwister?
● Ja, ich habe einen Bruder/zwei Brüder.
　　　　　　eine Schwester/zwei Schwestern.
　Nein, ich habe keine Geschwister.
○ Ist er/sie verheiratet?
● Ja, er/sie ist verheiratet.
　Nein, er/sie ist ledig/geschieden.
○ Hat er/sie Kinder?
● Ja, er/sie hat einen Sohn/zwei Söhne.
　　　　　　eine Tochter/zwei Töchter.
　Nein, er/sie hat keine Kinder.
○ Was ist dein Vater/deine Mutter von Beruf?
● Er/Sie ist ....
　Er/Sie arbeitet bei ....

Übung 1　パートナーとお互いの家族について質問し合ってみましょう。
　　　　　Fragen Sie Ihren Partner/Ihre Partnerin nach dessen/deren Familienmitgliedern.

---

verheiratet 既婚の　　s Foto 写真　　daneben その隣に　　stehen（立って）いる　　r Beruf 職業
von Beruf sein 職業は〜である　　arbeiten 働く　arbeiten bei 〜に勤めている　　ledig 未婚の
geschieden 離婚した

男性	女性	
Angestellter	Angestellte	会社員
Arzt	Ärztin	医者
Bankangestellter	Bankangestellte	銀行員
Beamter	Beamtin	公務員
Hausmann	Hausfrau	主夫／主婦
Ingenieur	-in	エンジニア
Krankenpfleger	-in / Krankenschwester	看護師
Lehrer	-in	教師
Schüler	-in	小学～高校生
Student	-in	大学生
Teilzeitarbeiter	-in	パート
Verkäufer	-in	店員

♪ 36 **Monolog**　Susanne spricht über ihren Vater und seine Geschwister.

Mein Vater heißt Gerd Bauer. Er ist 52 Jahre alt und Ingenieur. Er kommt aus Kiel. Das ist in Norddeutschland. Aber jetzt wohnen meine Eltern in Frankfurt. Mein Vater arbeitet dort bei Bosch. Er ist sehr sportlich. Seine Hobbys sind Tauchen und Tennis spielen.

Seine Schwester, also meine Tante, lebt immer noch in Kiel. Sie ist ledig und lebt allein. Sie ist Mode-Designerin von Beruf und sehr kreativ. Am Wochenende spielt sie in einer Band Gitarre. Ich besuche sie manchmal in Kiel. Sie ist echt cool!

Mein Onkel wohnt jetzt in London. Seine Frau ist Engländerin. Er arbeitet bei Lufthansa. Und seine Frau ist Krankenpflegerin. Sie haben zwei Töchter. Beide gehen noch zur Schule. Im Sommer fahre ich nach London und mache einen Englisch-Kurs. Ich bleibe vier Wochen und wohne dann bei ihnen. Ich freue mich schon!

Übung 2 　a）次の文が上の内容と合っている場合は richtig に、合っていない場合は falsch に〇をつけましょう。Richtig oder falsch? Lesen Sie den Text und kreuzen Sie an.

(1) Susannes Eltern leben jetzt in Norddeutschland.　richtig　falsch

(2) Susannes Vater mag Sport.　richtig　falsch

(3) Susannes Tante ist nicht verheiratet.　richtig　falsch

(4) Susannes Tante ist Musikerin von Beruf.　richtig　falsch

(5) Susannes Onkel hat Kinder.　richtig　falsch

(6) Seine Frau arbeitet nicht.　richtig　falsch

s Norddeutschland 北ドイツ　dort そこで　sportlich スポーティーな

tauchen スキューバダイビングをする　also つまり、すなわち

leben 住んでいる、生活している、生きている　immer noch 今もずっと　allein ひとりで

e Mode-Designerin ファッションデザイナー　kreativ クリエイティブな　s Wochenende 週末

e Band バンド　besuchen 訪問する　echt ほんとうに　cool かっこいい

e Engländerin（女性の）イギリス人　beide 両方とも　e Schule 学校　r Sommer 夏

nach ～（地名）へ　r Kurs 講座、コース　pl. Wochen → e Woche 週　bei ～のところに

Ich freue mich schon! 楽しみにしている　richtig 正しい、本当に　falsch 間違った

e Musikerin 音楽家

b) Susanne の父親についてメモを取りましょう。

Notieren Sie die Informationen über Susannes Vater.

Name:	Geschwister:	Herkunft:
Alter:	Beruf:	Wohnort:
Familienstand:	Firma:	Hobby:

> sportlich ↔ unsportlich   intelligent ↔ dumm   fleißig ↔ faul
>
> lustig ↔ ernst   sympathisch ↔ unsympathisch
>
> freundlich ↔ unfreundlich   streng ↔ nett
>
> kreativ   modisch   schüchtern   aktiv

♪ 37 **Hörübung 1** 音声を聴き、Susanne の家族についてメモを取りましょう。

Hören Sie und notieren Sie.

Mutter

Monika Bauer (   )
Beruf:
Hobby:

Bruder

Lukas Bauer (   )
Beruf:
Hobby:

Schwester

Ulrike Groß (   )
Familienstand:
Kinder:
Beruf:

Hobby:

Übung 3 Hörübung 1のメモをもとに、人物紹介をしてみましょう。

Schreiben Sie einen kurzen Text über die Personen.

Susannes Mutter heißt (   ). Sie ist (   ) Jahre alt und (   ) von
Beruf. Ihre Hobbys sind (   ) und (   ).
Susannes Bruder _____
_____
Susannes Schwester _____
_____

> *r* Familienstand 配偶関係（既婚・未婚・離別・死別の区別）   *e* Firma 会社
> unsportlich スポーツに向かない   intelligent 知的な、聡明な   dumm 愚かな、無知の
> fleißig 勤勉な   faul 怠け者の   lustig 愉快な   ernst まじめな   sympathisch 感じがいい
> unsympathisch 感じが悪い   streng 厳しい   nett やさしい   modisch おしゃれな
> schüchtern 恥ずかしがり屋の   aktiv アクティブな、活発な

♪ 38 **Dialog 2**

Guten Tag. Wie ist Ihr Name, bitte?

Bauer.
Mein Vorname ist Susanne.

Was sind Sie von Beruf?

Ich bin noch Studentin.

Und wie ist Ihre Adresse?

Parkstraße 24, 52076 Aachen.

Wie ist Ihre Telefonnummer?

(0241) 42 13 76

Wie lautet Ihre E-Mail-Adresse, bitte?

susib@yahee.com

Noch mal langsam, bitte.

susib@yahee.com

Vielen Dank, Frau Bauer. Das ist alles.

Übung 4　Dialog 2 の情報を書き入れましょう。Lesen Sie Dialog 2 und füllen Sie das Formular aus.

Anmeldungsformular

Familienname:
Vorname:
Beruf:
Wohnort/PLZ:
Straße/Hausnummer:
Telefonnummer:
E-Mail-Adresse:

○ Wie ist/lautet Ihre Adresse?
○ Wie ist/lautet Ihre Telefonnummer/Handynummer?
○ Wie ist/lautet Ihre E-Mail-Adresse?

r Vorname（姓に対し）名、名前　　e Adresse 住所　　-straße 〜通り　　e Telefonnummer 電話番号
lauten 〜という内容である　　e E-Mail-Adresse メールアドレス　　noch mal もう一度
langsam ゆっくりと　　alles すべてのもの　　s Anmeldungsformular 申請用紙
r Familienname 姓、名字　　PLZ 郵便番号　　e Straße 通り
e Hausnummer 家屋番号、番地　　e Handynummer 携帯電話番号

Übung 5 Dialog 2 を入れ替えて練習してみましょう。Machen Sie Dialoge wie Dialog 2.

Fotostudio Pixel
Andreas Kramer
Fotograf

Waldstraße 22 · 1010 Wien
Tel.: 01-33 66 25
E-Mail: akpixel@gmail.at

Beate Zimmermann
Journalistin

Sendlingerstraße 27 · 80331 München
0179-3581 4720 · bzimmer@t-online.de

♪ 39 **Dialog 3**

Meine Schwester hat bald Geburtstag.

Was schenkst du ihr? Weißt du schon etwas?

Sie fährt gern Ski. Deshalb schenke ich
ihr Handschuhe. Was meinst du?

Gute Idee! Handschuhe gefallen ihr bestimmt.

○ Was schenkst du ihm/ihr/ihnen?
● Ich schenke ihm/ihr/ihnen einen/ein/eine ....
.... gefällt/gefallen ihm/ihr/ihnen bestimmt.

Übung 6 Dialog 3 を参考にして、家族や友だちへのプレゼントを考えてみましょう。
Was schenken Sie Ihrer Familie oder Ihren Freunden? Machen Sie Dialoge wie
Dialog 3.

♪ 40 **Hörübung 2** 音声を聴き、単語と単語の間に「/」を入れ、正しく書き直しましょう。
Hören Sie. Wie schreibt man die Sätze richtig?

sagmalhastdueinenbruderodereineschwesterneinichhabekeinegeschwisterundduich
habeeinenbrudereristschonverheiratetundhatzweikinder

○ _____

● _____

○ _____

♪ 41 **Hörübung 3** 会話の中に出てくる文に ✓ をつけましょう。Welche Sätze hören Sie?

☐ Wie ist Ihre Telefonnummer?   ☐ Wie ist Ihre Mail-Adresse?
☐ Ich wiederhole.   ☐ Wie ist Ihre Adresse?
☐ Haben Sie auch ein Handy?   ☐ Beethovenstraße 11.
☐ Haben Sie auch eine Handynummer?   ☐ Vielen Dank.

bald じきに   *r* Geburtstag 誕生日   schenken プレゼントする   etwas 何か   deshalb だから
pl. Handschuhe 手袋   meinen 思う   gefallen + 3格 気に入る   bestimmt きっと
r Fotograf 写真家   *e* Journalistin （女性の）ジャーナリスト   wiederholen 繰り返す

GRAMMATIK

格とは、文中での名詞の役割。名詞が他の語に
対してどういう関係にあるかを示す

1 格変化

名詞の前に置かれる冠詞は名詞の性・数・格によって変化します。

ドイツ語で名詞の役割を表わす働きを
しているのは名詞の前に置かれる冠詞

日本語で名詞の役割を表わす働きを
しているのは名詞の後に置かれる助詞

1格（主格）	*Das* **Kind** spielt Fußball.	その子供<u>は</u>サッカーをしています。
2格（所有格）	Die Mutter *des* **Kindes** trinkt Kaffee.	その子供<u>の</u>母親はコーヒーを飲んでいます。
3格（間接目的格）	Der Lehrer schenkt *dem* **Kind** einen Ball.	先生はその子供<u>に</u>ボールをプレゼントします。
4格（直接目的格）	Der Lehrer lobt *das* **Kind**.	先生はその子供<u>を</u>褒めます。

動詞には3格とともに用いられる動詞（3格支配の動詞）、4格とともに用いられる動詞（4格支配の動詞）、2つの目的語をとる動詞（3・4格支配の動詞）があります。→ 95 ページ参照

2 人称代名詞の3格

	単					複			単複
	1人称	2人称 （親称）	3人称 男	中	女	1人称	2人称 （親称）	3人称	2人称 （敬称）
1格	ich	du	er	es	sie	wir	ihr	sie	Sie
3格	mir	dir	ihm	ihm	ihr	uns	euch	ihnen	Ihnen

◆ **3格支配の動詞**

helfen（助ける／手伝う）　　　antworten（答える）　　　danken（感謝する）　　　など

◆ **事物が主語（1格）で人が3格になる動詞**

gefallen　　　passen　　　stehen　　　schmecken　　　gehören
気に入る　　（サイズが）合う　　似合う　　（〜にとって）おいしい　　〜のものである
　1格　　　　　　　3格
Die Tasche gefällt mir gut.　　私はそのバッグを気に入っています。

◆ **3格と4格の語順**

どちらも名詞の場合　　原則として 3格－4格
　Ich schenke meinem Vater ein Buch.　　私は父に本を贈ります。

どちらとも人称代名詞の場合　　4格－3格
　Ich schenke es ihm.　　私はそれを彼に贈ります。

どちらか一方が人称代名詞の場合　　格にかかわらず 人称代名詞 － 名詞
　Ich schenke ihm ein Buch.　　私は彼に本を贈ります。
　Ich schenke es meinem Vater.　　私はそれを父に贈ります。

3 接続詞的副詞

副詞 deshalb / deswegen（それだから）、trotzdem（それにもかかわらず）は接続詞の役割をします。

文頭　第2位

Meine Mutter kocht gern. Deshalb schenke ich ihr ein Kochbuch.

接続詞的副詞　　定形　　主語

私の母は料理が好きです。だから私は母に料理の本をプレゼントします。

4 kein か nicht か？

◆ kein を用いる場合

・不定冠詞つきの名詞

Haben Sie einen Kugelschreiber?　　　あなたはボールペンを持っていますか？

Nein, ich habe keinen Kugelschreiber.　いいえ、私はボールペンを持っていません。

・無冠詞の名詞（物質名詞・抽象名詞・単数であれば不定冠詞がつく複数形の名詞）

Hast du Zeit?　　　　　　　　　　　　君、時間はある？

Nein, ich habe keine Zeit.　　　　　　ううん、時間ないよ。

Das sind keine CDs.　　　　　　　　　それはCDではありません。

◆ nicht を用いる場合

特定のものを表わす名詞の否定には kein ではなく、否定詞 nicht を用います。

・定冠詞つきの名詞

Ich kaufe die Tasche nicht.　　　　　　私はそのバッグを買いません。

・所有冠詞つきの名詞

Das ist nicht meine Tasche.　　　　　　これは私のバッグではありません。

Ich kenne deinen Vater nicht.　　　　　私は君のお父さんを知りません。

Einkäufe

買い物

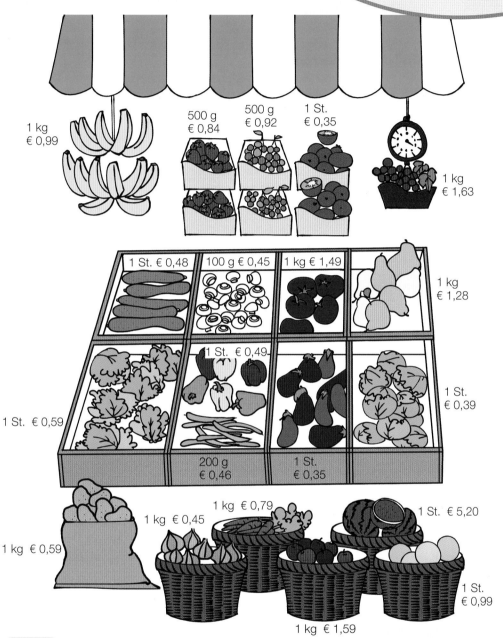

1 kg
€ 0,99

500 g
€ 0,84

500 g
€ 0,92

1 St.
€ 0,35

1 kg
€ 1,63

1 St. € 0,48

100 g € 0,45

1 kg € 1,49

1 kg
€ 1,28

1 St. € 0,49

1 St.
€ 0,39

1 St. € 0,59

200 g
€ 0,46

1 St.
€ 0,35

1 kg € 0,45

1 kg € 0,79

1 St. € 5,20

1 kg € 0,59

1 St.
€ 0,99

1 kg € 1,59

---

s Obst

r **Apfel** / *pl.* Äpfel   *e* **Banane** / *pl.* Bananen   *e* **Birne** / *pl.* Birnen

e **Erdbeere** / *pl.* Erdbeeren   *e* **Kirsche** / *pl.* Kirschen   *e* **Kiwi** / *pl.* Kiwis

e **Melone** / *pl.* Melonen   *e* **Traube** / *pl.* Trauben   *e* **Wassermelone** / *pl.* Wassermelonen

s Gemüse

e **Aubergine** / *pl.* Auberginen   *e* **Bohne** / *pl.* Bohnen   *e* **Gurke** / *pl.* Gurken

e **Karotte** / *pl.* Karotten   *e* **Kartoffel** / *pl.* Kartoffeln   *r* **Kohl**   *r* **Kopfsalat**

e **Paprika** / *pl.* Paprika   *r* **Pilz** / *pl.* Pilze   *e* **Tomate** / *pl.* Tomaten   *e* **Zwiebel** / *pl.* Zwiebeln

Dialog 1

Entschuldigung, was kostet <u>die Wassermelone</u>?

<u>5</u> Euro <u>20</u> das Stück.

Und die Erdbeeren?

500 g kosten <u>84</u> Cent.

Ich hätte gern <u>eine Wassermelone</u> und 500 g <u>Edbeeren</u>.

Bitte sehr. Sonst noch etwas?

Haben Sie <u>Birnen</u>?

Ja, hier. <u>Die</u> sind ganz frisch.

Gut, dann nehme ich <u>drei</u> Stück. Das wär's dann.

Das macht <u>7,32</u> Euro.

Bitte schön.

Danke. Schönes Wochenende!

○ Was kostet ....?   ● .... Euro das Stück.

   Was kosten ....?   100 Gramm kosten .... Euro.

                     1 Kilo kostet .... Euro.

Übung 1   Dialog 1 のように買い物をしてみましょう。Machen Sie Dialoge wie Dialog 1.

(1) Kopfsalat 1   (2) Bananen 1 kg   (3) Paprika 2   (4) Zwiebeln 2 kg

    Tomaten 1 kg   Äpfel 2 kg   Bohnen 400 g   Kohl 1

    Gurke 1   Kirschen 500 g   Pilze 200 g   Trauben 500 g

---

s Stück 個   *s* Gramm g（グラム）   *r* Cent セント（1ユーロ＝100セント）
s Kilo kg（キログラム）   ich hätte gern ... ～がほしい   bitte sehr かしこまりました
Sonst noch etwas? 他にはなにか？   frisch 新鮮な   Das wär's dann. それだけです
das macht ... Euro（値段は）～ユーロです   bitte schön（何かを差し出しながら）どうぞ
Schönes Wochenende! よい週末を！

Übung 2 a) 朝食に何を取りますか？　パートナーにインタビューをしてみましょう。

Was essen und trinken Sie zum Frühstück? Fragen Sie auch Ihren Partner/Ihre Partnerin.

	essen	nicht essen	trinken	nicht trinken
ich				

b) インタビューの結果を報告しましょう。Berichten Sie die Ergebnisse aus a).

♪ 43 **Dialog 2**

Ich gehe jetzt einkaufen. Was brauchen wir?

Ein Brot, 500 Gramm Schinken, 300 Gramm Käse und eine Packung Butter.

500 Gramm Schinken? Das ist zu viel. 250 Gramm reichen.

Ja, stimmt. Wir haben auch keine Milch mehr. Wie viel brauchen wir? Ist ein Liter genug?

Lieber 2 Liter. Haben wir eigentlich noch Saft?

Ah, nein. Also auch noch eine Flasche Saft.

Ist das alles?

Ich glaube ja.

s Frühstück 朝食　　*r* Schinken ハム　　*r* Käse チーズ　　*e* Packung 包装パック
e Butter バター　　zu あまりにも〜過ぎる　　reichen 足りる、十分である
stimmen そのとおりである　　*e* Milch 牛乳　　genug 十分な　　eigentlich そもそも、本来は
r Saft ジュース　　*e* Flasche 瓶

41

Was brauchen wir? Wie viel brauchen wir? Ist das alles? Das ist zu viel. .... ist/sind genug. .... reicht/reichen.	*s* Glas / Gläser: Marmelade, Honig *e* Dose / Dosen: Tomaten, Bier *e* Packung / Packungen: Kaffee, Nudeln, Eier *e* Kiste / Kisten: Bier, Mineralwasser *e* Flasche / Flaschen: Bier, Wein *r* Liter / *pl.* Liter: Milch, Saft *r* Becher / *pl.* Becher: Joghurt, Eis

Übung 3 (1) ～ (3) の中からテーマを選び、必要なもののリストを作って、Dialog 2 のように会話してみましょう。

Wählen Sie ein Thema. Was brauchen Sie? Überlegen Sie in der Gruppe wie in Dialog 2 und schreiben Sie eine Einkaufsliste.

(1) Party: 10 Personen　　(2) Frühstück: 5 Personen　　(3) Picknick: 6 Personen

Einkaufsliste

♪ 44 **Hörübung 1** a) 音声を聴き、単位と値段を線で結びましょう。Hören Sie und verbinden Sie.

Kaffee	100-Gramm	1,59 Euro
Bier	ein Kilo	3,79 Euro
Erdbeermarmelade	eine Dose	0,88 Euro
Tomatensuppe	eine 500-Gramm-Packung	10,78 Euro
Schinken	ein 450-Gramm-Glas	1,35 Euro
Bananen	eine Kiste	0,89 Euro

b) 値段を言ってみましょう。Was kosten die Waren? Berichten Sie.

例 Eine 500-Gramm-Packung Kaffee kostet 3 Euro 79.

---

pl. Personen → *e* Person 人　　*s* Picknick ピクニック　　*s* Glas ガラス瓶
e Marmelade ジャム、マーマレード　　*r* Honig 蜂蜜　　*e* Dose 缶　　*s* Bier ビール
pl. Nudeln ヌードル　　*e* Kiste (木) 箱　　*s* Mineralwasser ミネラルウォーター　　*r* Wein ワイン
r Liter リットル　　*r* Becher カップ、杯　　*r* Joghurt ヨーグルト　　*s* Eis アイスクリーム、氷
e Party パーティー　　*r* Kaffee コーヒー　　*e* Erdbeermarmelade いちごジャム
e Tomatensuppe トマトスープ

Dialog 3

Ich habe Hunger.

Ich auch. Da ist ein Imbiss.

Guten Tag. Bitte schön?

<u>Einen Hamburger</u> mit <u>Pommes frites</u>, bitte.

Pommes mit <u>Ketchup</u> oder mit <u>Mayonnaise</u>?

Mit <u>Ketchup</u>.

Und für mich eine <u>Bratwurst</u> mit <u>Senf</u>.

> ○ Ich habe Hunger. / Ich habe Durst.
> ○ Für mich .... / Ich nehme .... / Ich hätte gern .... / Ich möchte ....

Übung 4 下の Imbiss や Café の表を使って Dialog 3 のように注文してみましょう。
Machen Sie Dialoge wie Dialog 3.

Imbiss	
r Hot-dog	€1,80
r Kartoffelsalat	€3,00
e Pizza	€3,20
r Hamburger	€3,20
pl. Pommes frites	€1,60
e Bratwurst	€2,50
e Cola	€2,50
r Orangensaft	€2,50
s Mineralwasser	€1,90
s Bier	€2,60

Café	
r Kaffee	€2,50
r Tee	€2,80
r Kakao	€3,00
s Mineralwasser	€2,10
r Orangensaft	€2,50
r Apfelsaft	€2,50
r Käsekuchen	€4,00
r Apfelstrudel	€4,30
e Waffel	€2,70
r Eisbecher	€5,00

r Hunger 空腹　　r Imbiss インビス（軽食堂）　　r Hamburger ハンバーガー
pl. Pommes frites フライドポテト　　r, s Ketchup ケチャップ　　e Mayonnaise マヨネーズ
für+ 4格 ～のために　　e Bratwurst 焼きソーセージ　　r Senf マスタード　　r Durst のどの渇き
möchte ～がほしい　　r Kartoffelsalat ポテトサラダ　　e Pizza ピザ　　e Cola コーラ
r Orangensaft オレンジジュース　　s Café カフェ　　r Kakao ココア
r Apfelsaft りんごジュース　　r Käsekuchen チーズケーキ
r Apfelstrudel アプフェルシュトゥルーデル　　e Waffel ワッフル　　r Eisbecher アイスパフェ

Dialog 4

Wie finden Sie <u>diesen Pullover</u>?

<u>Welchen</u> meinen Sie?

<u>Den</u> für <u>45</u> Euro.

Hm... Ich weiß nicht.

Und wie gefällt Ihnen dieser Pullover?

<u>Der</u> für <u>36</u> Euro.

<u>Welcher</u>?

Ja, <u>der</u> ist nicht schlecht.

♪ 47 **Dialog 5**

Passt Ihnen der Pullover?

Ja, aber die Farbe gefällt mir nicht.
Gibt es <u>den</u> auch in Schwarz?

Ja, <u>den</u> haben wir
auch in Schwarz.

Gut, <u>den</u> nehme ich.

○ Wie finden Sie ....? / Wie findest du ....?
○ Wie gefällt Ihnen/dir ....? / Wie gefallen Ihnen/dir ....?
○ Passt Ihnen/dir ....? / Passen Ihnen/dir ....?
○ Gibt es ....?　　●　Ja, es gibt .... / Ja,wir haben ....

r Pullover　　*r* Rock　　*e* Hose　　*s* Hemd　　*s* T-Shirt　　*s* Kleid

r Gürtel　　*e* Jacke　　*r* Mantel　　*pl.* Schuhe　　*e* Jeans　　*pl.* Socken

s Schwarz /schwarz	*s* Braun / braun	*s* Blau / blau	*s* Rot / rot	*s* Grün / grün
黒 / 黒い	茶色 / 茶色の	青 / 青い	赤 / 赤い	緑 / 緑の
s Gelb / gelb	*s* Pink / pink	*s* Lila / lila	*s* Weiß / weiß	*s* Grau / grau
黄色 / 黄色の	ピンク / ピンクの	紫 / 紫の	白 / 白い	グレー / グレーの

r Pullover セーター　　dieser この　　welcher どの　　passen (サイズなどが) ぴったり合う
für ... Euro (値段が) ～ユーロの　　es gibt+ 4格 ～がある

Übung 5　質問と答えを線で結びましょう。Welche Antwort passt?

(1) Passt Ihnen das Kleid?　•

•　(a) Ich weiß nicht. Die Farbe gefällt mir nicht.

(2) Gefallen euch die Schuhe?　•

•　(b) Natürlich! Die stehen euch ausgezeichnet.

(3) Stehen uns die T-Shirts?　•

•　(c) Nein, es ist mir viel zu groß.

(4) Gefällt dir der Gürtel?　•

•　(d) Oh ja! Der steht dir richtig gut.

(5) Passen Frau Meyer die Stiefel?　•

•　(e) Ja, die sind super.

(6) Steht mir der Rock?　•

•　(f) Ja, sie passen ihr perfekt.

Übung 6　Dialog 4 と Dialog 5 のように会話してみましょう。
Üben Sie Dialoge wie Dialog 4 und 5.

♪ 48　**Hörübung 2**　音声を聴き、単語と単語の間に「/」を入れ、正しく書き直しましょう。
Hören Sie. Wie schreibt man die Sätze richtig?

bitteschönwasmöchtensieichhättegerneinenkaffeemitmilchodermitzuckerschwarz
bitte

○ _____

● _____

○ _____

● _____

♪ 49　**Hörübung 3**　会話の中に出てくる文に✓をつけましょう。Welche Sätze hören Sie?

☐ Ich suche Schuhe.　　　　　☐ Ich suche ein T-Shirt.

☐ Welche Farbe möchten Sie?　☐ Welche Farbe möchtest du?

☐ Was kostet das denn?　　　 ☐ 25,90 Euro.

☐ Größe S ist mir zu groß.　　☐ Gut, ich nehme es.

---

pl. Stiefel ブーツ　　natürlich もちろん　　ausgezeichnet すばらしい　　super すごい
perfekt 完璧に　　*e* Größe サイズ

GRAMMATIK

1 定冠詞類 (dieser 型)

dieser (この) や welcher (どの？) などの語は冠詞のように名詞の前に置かれ、定冠詞とほぼ同じ格変化をします。

	男性名詞	中性名詞	女性名詞	複数形	男性名詞	中性名詞	女性名詞	複数形
1格	dieser	dieses	diese	diese	welcher	welches	welche	welche
4格	diesen	dieses	diese	diese	welchen	welches	welche	welche

2 指示代名詞

指示代名詞は①直前の名詞を指したり、②同一語の反復を避けるために用いられます。

ポイント 1
人称代名詞よりも強く、人物・事物を指し示す

ポイント 2
口語では人称代名詞よりも指示代名詞が使われる

ポイント 3
指示代名詞は文頭に置かれることが多い

		男性	中性	女性	複数
1格	人称代名詞	er	es	sie	sie
	指示代名詞	der	das	die	die
4格	人称代名詞	ihn	es	sie	sie
	指示代名詞	den	das	die	die

1格
Wo ist der Kugelschreiber?　ボールペンはどこですか？
Der ist hier.　(それは) ここにあります。

4格
Wie findest du den Kugelschreiber?　(その) ボールペンをどう思う？
Den finde ich gut.　私は (それを) いいと思うよ。

◆指示代名詞 das

> 中性名詞の定冠詞 das と混同しないように！

指示代名詞の das は名詞の性・数に関係なく「それは」という意味で用いられます。

Was ist das? これは何ですか？　—Das ist ein Kugelschreiber. それはボールペンです。

Wie heißt das auf Deutsch?　これはドイツ語では何といいますか？

—Das heißt „Kugelschreiber". (それは) ボールペンといいます。

Das ist Peter. こちらはペーターです。　Das sind Herr und Frau Bach. こちらはバッハ夫妻です。

3 非人称主語 es

es は形式上の主語として用いられます。

Wie geht es Ihnen?　ご機嫌いかがですか？

Wie spät ist es?　今何時ですか？　　　—Es ist 2 Uhr.　2時です。

Es regnet heute.　今日は雨が降っています。

Es ist heiß.　暑いです。

Es gibt + 4格「〜がある」　Gibt es den Pullover auch in Schwarz?
このセーターは黒もありますか？

Tagesablauf

Andrea

Herr Groß

an einem Seminar teil|nehmen   auf|räumen   auf|stehen
baden   das Abendessen vor|bereiten   eine Vorlesung hören
ein|kaufen   ein|schlafen   fern|sehen
Freunde an|rufen   frühstücken   im Büro an|kommen
ins Bett gehen   jobben   nach Hause zurück|kommen   zu Mittag essen

♪ 50 **Dialog 1**

Wie spät ist es?

Es ist <u>zwanzig nach fünf</u>.

Wie bitte? Ich verstehe nicht.

Es ist jetzt <u>siebzehn Uhr zwanzig</u>.

> ○ Wie spät ist es? ● Es ist .... Uhr.
> Wie viel Uhr ist es?

Übung 1 ドイツ語で答えてみましょう。Antworten Sie auf Deutsch.（時刻：92 ページ参照）

○ Wie spät ist es?

(1) (2) (3) (4) (5)

(6) (7) (8) (9) (10)

Übung 2 47 ページのイラストを用いて、Andrea と Herr Groß の一日をドイツ語で言ってみましょう。Was machen die Personen auf Seite 47? Erzählen Sie.

例 Andrea steht um Viertel nach sieben auf. / Um Viertel nach sieben steht Andrea auf.

Übung 3 例のようにパートナーと質問し合ってみましょう。
Stellen Sie Fragen über die Personen auf Seite 47.

例 Wann steht Andrea auf? / Um wieviel Uhr steht Andrea auf?

Was macht Andrea um 7.15 Uhr?

Steht Andrea um 7.00 Uhr auf?

> ○ Wann/Um wieviel Uhr .... er/sie? ● Um .... Uhr ....
> Was macht er/sie um .... Uhr? ● Von .... Uhr bis .... Uhr ....

Wie spät ist es? / Wie viel Uhr ist es? 何時ですか？　　nach ～過ぎ
wie bitte?（聞き返して）えっ？（何とおっしゃいましたか？）　　verstehen 理解する　　Uhr ～時
um ～時に　　s Viertel（時刻で）15分　　auf|stehen 起床する
von ... Uhr bis ... Uhr ～時から～時まで

♪ 51 **Dialog 2**

Schon um 6.30 Uhr.

Um wie viel Uhr stehen Sie auf?

Ich stehe erst um 10.00 Uhr auf.

An Wochentagen stehe ich meistens um 7.00 Uhr auf. Aber am Wochenende schlafe ich länger.

Schon vor 7.00 Uhr. Ich jogge jeden Morgen zwischen 7.30 Uhr und 8.00 Uhr.

Übung 4	あなたは何時に起きたり、大学に行ったりしますか？ 時刻を書き入れ、パートナーと質問し合ってみましょう。

Schreiben Sie Ihren Tagesablauf und fragen Sie auch Ihren Partner/Ihre Partnerin.

	ich	mein Partner/meine Partnerin
aufstehen		
in der Uni ankommen		
nach Hause zurückkommen		
zu Abend essen		
Hausaufgaben machen		
fernsehen		
einschlafen		

♪ 52 **Hörübung 1** Lina は何時に何をするでしょう？ 線で結びましょう。Was macht Lina? Verbinden Sie.

nach Hause zurückkommen   13.15 Uhr

Spanisch-Kurs haben   17.45 Uhr

Jonas kommt   10.30 Uhr – 12.00 Uhr

an einem Seminar teilnehmen   18.30 Uhr

zu Mittag essen   16.00 Uhr – 17.20 Uhr

einkaufen gehen   14.30 Uhr

---

erst ようやく　　meistens たいていは　　länger → lang（長い）の比較級　　vor ～前に

jeden Morgen 毎朝　　zwischen ～の間　　e Uni (Universität) 大学　　an | kommen 到着する

zurück | kommen 帰ってくる　　r Abend 晩　　pl. Hausaufgaben → e Hausaufgabe 宿題

fern | sehen テレビを見る　　ein | schlafen 寝入る　　s Seminar ゼミ　　teil | nehmen 参加する

zu Mittag essen 昼食を取る

♪ 53 **Dialog 3**

Was hast du am Samstagvormittag vor?

Und am Nachmittag?

Stefan, Lukas und ich spielen Tennis. Kommst du mit?

Schade.

Von 9.00 Uhr bis 13.00 Uhr jobbe ich.

Da habe ich noch nichts vor.

Ach, ich weiß nicht. Ich glaube, dazu habe ich keine Lust.

Übung 5 a) Lina のスケジュールを読んで、質問に答えましょう。
Lesen Sie Linas Kalender und kreuzen Sie an.

Jonas möchte Tennis spielen. Wann hat Lina Zeit?

(1) Hat Lina am Montagvormittag Zeit? ☐ Ja ☐ Nein

(2) Hat Lina am Dienstagabend Zeit? ☐ Ja ☐ Nein

(3) Hat Lina am Donnerstag zwischen 16.00 Uhr und 19.00 Uhr Zeit? ☐ Ja ☐ Nein

(4) Hat Lina am Samstagnachmittag Zeit? ☐ Ja ☐ Nein

(5) Hat Lina am Sonntag ab 16.00 Uhr Zeit? ☐ Ja ☐ Nein

Montag	10.30 – 12.00: eine Literatur-Vorlesung hören 20.15: fernsehen (Harry Potter)
Dienstag	13.00 – 16.15: an Seminaren teilnehmen 17.30 – 22.00: im Restaurant jobben
Mittwoch	14.45 – 16.15: eine Philosophie-Vorlesung hören ab 17.00: ein Referat schreiben
Donnerstag	8.45 – 10.15: Französisch-Unterricht haben 16.30 – 17.30: Jazz-Tanz machen
Freitag	8.45 – 12.00: an Seminaren teilnehmen 20.00: zur Party bei Thomas gehen
Samstag	9.00 – 13.00: im Supermarkt jobben 19.00: Paul treffen
Sonntag	am Vormittag: die Wohnung aufräumen 13.00: Mittagessen mit Oma

b) 上の表を参考にして、Dialog 3 のように会話してみましょう。
Machen Sie Dialoge anhand des Terminkalenders.

vor | haben 予定している　　am → an dem（日時）～に　　*r* Vormittag 午前中
jobben アルバイトをする　　*r* Nachmittag 午後　　nichts 何も～ない　　mit | kommen 一緒に来る
dazu そのために　　*e* Lust（～したい）気持ち　　*e* Vorlesung 講義　　*s* Restaurant レストラン
e Philosophie 哲学　　*s* Referat レポート　　schreiben 書く　　*r* Jazz-Tanz ジャズダンス
r Supermarkt スーパー　　treffen 会う　　*e* Wohnung 住まい　　auf | räumen 片付ける
s Mittagessen ランチ（昼食）　　*e* Oma おばあちゃん

ins Kino gehen	Ja, gern. / Gute Idee! /	nehmen
eine DVD sehen	Vielleicht ein anderes Mal.	du nimmst
essen gehen		er/sie/es nimmt

♪ 54 Dialog 4   Am Telefon

Hallo.

Ich bin's Ellen. Du, Fritz, ich komme heute erst um 22.00 Uhr nach Hause zurück. Kauf bitte ein und koch das Abendessen.

Ist gut. Bis dann.

Übung 6   例のように命令文を作り、会話をしてみましょう。
Formulieren Sie bitten und reagieren Sie darauf.

例   ○ Hol bitte die Post!   ● Ist gut.

mir die Zeitung geben	Ja, gern
zum Supermarkt fahren	Ist gut, das mache ich.
die Musik leise machen	Hier, bitte.
die Tür zumachen	Ich habe keine Lust.
mit dem Hund spazieren gehen	Ich habe keine Zeit.
~~die Post holen~~	Nein, das geht jetzt nicht.

Übung 7   例のように助言してみましょう。Geben Sie Ratschläge.

例   ○ Ach, ich bin so müde.
　　● Gehen Sie doch früher ins Bett!

(1) spazieren gehen　　(2) das Fenster aufmachen　　(3) ein bisschen schlafen

(4) einen Kaffee trinken

例   ○ Ach, mir ist so langweilig.
　　● Lies doch ein Buch!

(5) fernsehen　　(6) Musik hören　　(7) einkaufen gehen　　(8) im Internet surfen

例   ○ Mama, was machen wir heute Abend?
　　● Macht doch Hausaufgaben!

(9) Monopoly spielen　　(10) Vokabeln lernen　　(11) aufräumen　　(12) eine DVD sehen

---

vielleicht たぶん　　ein anderes Mal またの機会に　　bin's → bin es　　bis dann じゃあ、また
leise 小さい、静かな　　e Tür 扉　　zu|machen 閉める　　r Hund 犬
spazieren gehen 散歩する　　e Post 郵便局　　so とても　　müde 疲れた　　früher 早くに
s Fenster 窓　　auf|machen 開ける　　ein bisschen 少し
im Internet surfen ネットサーフィンする　　pl. Vokabeln → e Vokabel 単語

♪ 55 **Hörübung 2** 音声を聴き、単語と単語の間に「/」を入れ、正しく書き直しましょう。
Hören Sie. Wie schreibt man die Sätze richtig?

tagfelixannaundichgehenheuteabendinskinokommstdumitinskinoneinichhabekeine
lustachschadenadanntschüs

○ _____

● _____

○ _____

♪ 56 **Hörübung 3** 会話の中に出てくる文に✓をつけましょう。Welche Sätze hören Sie?

☐ Ich fahre jetzt zu meiner Freundin. ☐ Wasch bitte die Wäsche!

☐ Ich fahre jetzt zu meinen Eltern. ☐ Geh einkaufen!

☐ Viel Spaß und grüß deine Eltern. ☐ Ruf heute deinen Bruder an!

☐ Wasch bitte das Auto! ☐ Dann bis Dienstag.

Übung 8 Katrin は週末にフランクフルトに住む Oliver を訪ねたいと思っています。彼に連絡を
しましょう。Katrin besucht am Wochenende Oliver in Frankfurt. Schreiben Sie die
Nachricht.

Am Freitag: um 16.20 Uhr in Frankfurt ankommen - viel Gepäck haben - mich bitte
mit dem Auto abholen!

am Samstag: ins Konzert gehen – mitkommen?

Lieber Oliver,

Bis Freitag!
LG
Katrin

e Freundin（女性の）友だち／彼女　　grüßen よろしく伝える　　an | rufen 電話をする

waschen 洗う　　*e* Wäsche 洗濯物　　*s* Auto 車　　*s* Gepäck 荷物

ab | holen（迎えに行って）連れてくる　　*s* Konzert コンサート　　lieber / liebe 親愛なる

LG = Liebe Grüße（親しい人に対する）手紙の結び文句

GRAMMATIK

1 分離動詞・非分離動詞

◆分離動詞　　　前つづり　基礎動詞

auf stehen

> アクセントは前つづりにある

auf|stehen
辞書では前つづりと基礎
動詞の間の分離線により
分離動詞であることが表
示されている

定形第2位　　　　　　　　　　　　文末

Ich **stehe** um 6.30 Uhr **auf** .

基礎動詞　　　　　　　　　　　前つづり

私は6時半に起きます。

決定疑問文の場合

Stehst du um 6.30 Uhr **auf** ?

君は6時半に起きるの？

補足疑問文の場合

Wann **stehst** du **auf** ?

いつ君は起きるの？

◆非分離動詞

前つづり　　　基礎動詞

ver · stehen

> 前つづりにアクセントがない

Ich verstehe dich nicht. 私は君 (の言うこと) がわからない。

・決して分離しない前つづり

be-, emp-, ent-, er-, ge-, ver-, zer-

2 否定詞 nicht の位置 (2)　分離動詞の場合

Er kommt heute nicht mit. 彼は今日は一緒に来ません。

> nicht は前つづりの前

3 命令形

du に対する命令形	ihr に対する命令形	Sie に対する命令形
du gehst → Geh!	ihr geht → Geht!	Sie gehen → Gehen Sie!

主語は言わない

語尾は省略＝語幹だけ

主語は言わない

疑問文と同じように主語と動詞を入れ替える

◆ du に対する命令形

Komm ! いらっしゃい（来い）！

Warte ! 待って！　　　　　　　du wartest → Warte!

> 語幹が -d、-t、-ig で終わる場合は e をつける

・a → ä 型の不規則変化動詞は命令形では変音しない。

Fahr langsam! ゆっくり運転して！　　du fährst → Fahr!

戻す ä → a

・e → i 型、e → ie 型の不規則変化動詞は命令形でも変音する。

Sprich langsam! ゆっくり話して！　　du sprichst → Sprich!

Lies den Text! テキストを読んで！　　du liest den Text → Lies den Text!

◆ ihr に対する命令形

Kommt ! いらっしゃい（来い）！

Sprecht langsam! ゆっくり話して！

◆ Sie に対する命令形

Kommen Sie! 来てください！

Sprechen Sie langsam! ゆっくり話してください！

◆ sein の命令形

du の場合　**Sei …!**　Sei ruhig! 静かにして！

ihr の場合　**Seid …!**　Seid ruhig! 静かにして！

Sie の場合　**Seien Sie …!**　Seien Sie ruhig! 静かにしてください！

◆分離動詞の命令形

du の場合　**Ruf** mich **an** ! （私に）電話して！

ihr の場合　**Ruft** mich **an** ! （私に）電話して！

Sie の場合　**Rufen** Sie mich **an** ! （私に）電話してください！

> 分離する

Im Einkaufszentrum

ショッピングセンターで

4. Etage

3. Etage

2. Etage

1. Etage

Erdgeschoss

Untergeschoss

e Boutique	*e* Buchhandlung	*s* Eiscafé	*e* Elektroabteilung
r Geldautomat	*e* Information	*s* Kino	*s* Parkhaus *s* WC (*e* Toilette)
r Schreibwarenladen	*s* Schwimmbad	*s* Fitnessstudio	*e* Telefonzelle

Dialog 1

Entschuldigung, wo ist <u>die Toilette</u>?

Die ist <u>in der zweiten Etage</u>.

Und wo gibt es <u>einen Geldautomaten</u>?

Im Erdgeschoss.

Danke schön.

○ Wo ist ....?   / Wo gibt es ....?
● .... ist in der ....en Etage.

Übung 1 　55 ページのイラストを見ながら、Dialog 1 の下線部を置き換えて練習してみましょう。
　　　　　Machen Sie Dialoge wie Dialog 1.

Übung 2 　各階でできることを表にしてみましょう。
　　　　　Was kann man in den Stockwerken machen? Ordnen Sie zu.

im Untergeschoss: 　<u>　parken　　　　　　　　　　　　　　　　　　　　　　</u>
im Erdgeschoss: 　　<u>　　　　　　　　　　　　　　　　　　　　　　　　　　</u>
in der ersten Etage: 　<u>　　　　　　　　　　　　　　　　　　　　　　　　</u>
in der zweiten Etage: 　<u>　　　　　　　　　　　　　　　　　　　　　　　</u>
in der dritten Etage: 　<u>　　　　　　　　　　　　　　　　　　　　　　　</u>
in der vierten Etage: 　<u>　　　　　　　　　　　　　　　　　　　　　　　</u>

parken　　schwimmen　　Muskeltraining machen　　telefonieren
Hip-Hop tanzen　Geld abheben　Kleidung kaufen　Informationen bekommen
Etuis/Kulis/Hefte kaufen　Eis essen/Kaffee trinken　Yoga machen　Filme sehen
die Hände waschen　Bücher/Zeitungen/Zeitschriften kaufen
Fernseher/Waschmaschinen kaufen　auf Toilette gehen

---

e Toilette トイレ　　zweit 2番目の　　*e* Etage 階
r Geldautomat ATM（男性弱変化名詞：97ページ参照）　　*s* Erdgeschoss グランドフロア
s Untergeschoss 地下　erst 1番目の　dritt 3番目の　viert 4番目の　parken 駐車する
s Muskeltraining 筋トレ　telefonieren 電話する　*s* Geld お金　ab|heben 引き出す
bekommen 得る、もらう　*pl.* Hände → *e* Hand 手
pl. Waschmaschinen → *e* Waschmaschine 洗濯機　　auf Toilette gehen トイレに行く

♪ 58 **Dialog 2**

Was kann man
im Erdgeschoss
machen?

Da kann man
Kleidung
kaufen.

Und man kann
Informationen
bekommen.

Man kann
auch Geld
abheben.

Und wo kann man
etwas trinken?

In der zweiten Etage.
Da ist ein Café.

| Übung 3 | 各階で何ができるか他にも話してみましょう。 |

Was kann man in den anderen Stockwerken machen? Machen Sie Dialoge.

♪ 59 **Dialog 3**

Was machen Sie denn da?

Ich <u>rauche eine Zigarette</u>.

<u>Hier dürfen Sie aber nicht rauchen</u>.
Da hängt doch ein Schild. Hier ist
Rauchen verboten.

Ja, ich verstehe. Entschuldigung.

| Übung 4 | Dialog 3 の下線部を置き換えて練習してみましょう。 |

Üben Sie. Benutzen Sie die folgenden Vokabeln.

Kino : telefonieren
Schwimmbad : Cola trinken
Fitnessstudio : Eis essen
Parkhaus (vor der Tür) : parken

rauchen たばこを吸う　　*e* Zigarette たばこ　　hängen 掛かっている　　*s* Schild 表示板
verboten sein 禁止されている　　*s* Schwimmbad プール　　*s* Fitnessstudio フィットネススタジオ
s Parkhaus 駐車場

♪ 60 **Hörübung 1** a) 音声を聴いてメモを取りましょう。Hören Sie und notieren Sie.

例 Parkhaus　　　(1) Schwimmbad　　　(2) Eiscafé　　　(3) Fitnessstudio

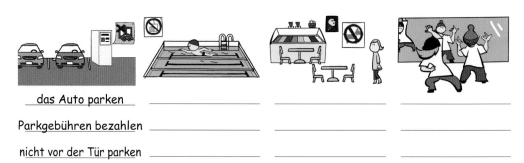

　das Auto parken　　_____　　_____　　_____

Parkgebühren bezahlen　_____　　_____　　_____

nicht vor der Tür parken　_____　　_____　　_____

> das Auto parken　　Turnschuhe anziehen　　keine Hunde mitbringen
> nicht essen/trinken　　duschen　　am Hip-Hop-Kurs teilnehmen　　schwimmen
> eine Bademütze tragen　　Eis essen　　Parkgebühren bezahlen
> nicht vor der Tür parken

b) それぞれの場所で何ができるか、何をしなければならないか、何をしてはいけないか、話してみましょう。Was kann/muss/darf man machen? Schreiben Sie.

例　Im Parkhaus

Hier kann man das Auto parken.

Hier muss man Parkgebühren bezahlen.

Hier darf man nicht vor der Tür parken.

Im Schwimmbad

_____

_____

_____

Im Eiscafé

_____

_____

_____

Im Fitnessstudio

_____

_____

_____

> s Eiscafé アイスクリーム屋　　*pl.* Parkgebühren → *e* Parkgebühr 駐車料金
> bezahlen 支払う　　*pl.* Turnschuhe 運動靴　　an│ziehen 履く、着る　　duschen シャワーを浴びる
> *e* Bademütze 水泳帽

♪ 61 **Dialog 4**

Wir haben noch Zeit.
Was machen wir jetzt?
Wollen wir <u>einen Film sehen</u>?

Gute Idee. Aber davor muss ich erst
<u>Geld abheben</u> und dann möchte ich
auch noch <u>Bücher kaufen</u>.

Okay, kein Problem. Dann gehen
wir zuerst ins Erdgeschoss. Da gibt
es einen Geldautomaten.

Übung 5　Übung 2 を参考にして Dialog 4 の下線部を置き換えて練習してみましょう。
Machen Sie Dialoge wie Dialog 4.

♪ 62 **Hörübung 2**　音声を聴き、単語と単語の間に「/」を入れ、正しく書き直しましょう。
Hören Sie. Wie schreibt man die Sätze richtig?

gibteshiereinfitnessstudiojaindersechstenetagekannmandayogamachennatür
lichmankannyogamachenundhiphoptanzen

○ _____

● _____

○ _____

● _____

♪ 63 **Hörübung 3**　会話の中に出てくる文に ✓ をつけましょう。Welche Sätze hören Sie?

☐ Was macht ihr jetzt?　　　　　　☐ Wann endet der Film?
☐ Ich will Kleidung kaufen.　　　　☐ Ich glaube, um 16.30 Uhr.
☐ Dazu habe ich auch Lust.　　　　☐ Dann treffen wir uns im Eiscafé.
☐ Dazu habe ich keine Lust.　　　　☐ Dann treffen wir uns in der dritten Etage.

davor その前に　　erst まずは　　dann それから　　s Problem 問題　　zuerst まず最初に
enden 終わる

a) グループチャットを読みましょう。Lesen Sie die Nachrichten.

Felix

> Hallo ihr! Am Freitag um 19.45 Uhr läuft der neue „James Bond" im Kino. Den Film will ich unbedingt sehen. Wer kommt mit? Gebt mir bitte Bescheid.

Klaus

> Klar, ich bin dabei! Wann und wo treffen wir uns?

Anja

> Danke für die Nachricht. Leider kann ich nicht kommen. Ich muss am Freitagabend jobben.

Ulli

> Ich möchte schon kommen, aber leider muss ich am Samstagmorgen in Berlin sein. Ich fahre schon am Freitag.

Kendra

> Natürlich komme ich. Wollen wir vorher zusammen etwas essen? Ich kenne ein tolles italienisches Restaurant.

Erik

> Sorry, ich muss leider absagen. Nach dem Sportunfall darf ich im Moment nicht viel laufen. Schade!

Melanie

> „James Bond"? Den Film möchte ich auch sehen. Aber leider habe ich am Montag ein Examen. Da heißt es: lernen, lernen, lernen!

b) 誰が来て、誰が来ませんか？　理由も述べましょう。
Kommen die Personen mit ins Kino? Warum nicht?

例　Klaus kommt mit.

　Anja kommt nicht. Sie muss jobben.

c) あなたは行くことができません。その理由を書きましょう。Schreiben Sie eine Antwort an Felix.
Sie können/wollen nicht mitkommen. Geben Sie einen Grund an.

_____

_____

_____

_____

unbedingt どうしても　　s Bescheid 通知　　Bescheid geben 知らせる　　klar（口語で）もちろん！
dabei sein 参加している、その場にいる（ある）　　vorher その前に　　toll すばらしい
italienisch イタリアン　　ab | sagen 断る　　r Sportunfall スポーツ事故
im Moment 目下のところ　　s Examen 試験

GRAMMATIK

1 話法の助動詞

本動詞に「可能」「必然」「願望」などの意味を添える働きをする助動詞を話法の助動詞と言います。

幹母音の変化に規則性なし！

ポイント1
sollen（と möchten）以外は、単数形の幹母音が変化する

ポイント2
1人称単数形と3人称単数形に語尾がつかない＝1人称単数形と3人称単数形は同じ形

◆活用

	können	müssen	dürfen	wollen	sollen	möchte
	〜できる	〜しなければ ならない	〜してもよい	〜するつもり	〜すべき	〜したい
ich	kann	muss	darf	will	soll	möchte
du	kannst	musst	darfst	willst	sollst	möchtest
er/sie/es	kann	muss	darf	will	soll	möchte
wir	können	müssen	dürfen	wollen	sollen	möchten
ihr	könnt	müsst	dürft	wollt	sollt	möchtet
sie	können	müssen	dürfen	wollen	sollen	möchten
Sie	können	müssen	dürfen	wollen	sollen	möchten

「〜してはならない」 = nicht dürfen（英 *must not*）
「〜する必要はない」 = nicht müssen

möchte は mögen の接続法第II
式で、「〜したい」「〜が欲しい」
という意味で用いられる

◆用法

können
能力	: Er kann gut Deutsch sprechen.	彼はドイツ語ができます。
可能性	: Kannst du zur Party kommen?	君はパーティーに来られる？
丁寧な依頼	: Können Sie das bitte buchstabieren?	スペルを言っていただけますか？
許可	: Kann ich kurz mit dir sprechen?	ちょっと君と話すことはできる？
推量	: Es kann jeden Augenblick regnen.	今にも雨が降ってくるかもしれない。

müssen
| 義務・必然 | : Ich muss Hausaufgaben machen. | 宿題をやらなくてはなりません。 |

wollen
意志	: Ich will in diesem Sommer nach Deutschland fliegen.	
		この夏はドイツへ行くつもりです。
促し	: Wollen wir langsam gehen?	そろそろ行きませんか？

dürfen
許可	: Darf ich hier parken?	ここに駐車してもいいですか？
丁寧な申し出	: Darf ich Ihnen helfen?	お手伝いしましょうか？
禁止（否定詞とともに）: Hier darf man nicht rauchen.	ここは禁煙です。

sollen

　　義務　　　　　　　　：Du sollst deine Hausaufgaben machen. 君は宿題をやるべきだ。

　　相手の意思を尋ねる：Wo soll ich unterschreiben?　　　　　　どこにサインすればいいですか？

möchte

　　〜したい　　：Ich möchte einchecken.　　チェックインしたいのですが。

　　〜が欲しい　：Ich möchte einen Kaffee.　　私はコーヒーが欲しい。

◆構文

　　Er fährt gut Ski.　　彼は上手にスキーを滑ります。

　　定形第 2 位　　　　　　　文末　　　　　　　　本動詞は不定形に
　　　　　　　　　　　　　　　　　　　　　　　　して文末に移動

　　Er kann gut Ski fahren.　　彼は上手にスキーを滑ることができます。

　　話法の助動詞　　　　　本動詞

・決定疑問文の場合

　　Kann er gut Ski fahren?　　彼は上手にスキーを滑ることができますか？

・補足疑問文の場合

　　Was wollen wir heute machen?　　今日は何をしようか？

　　　　　　　　　　　　　　　　　　　　　　　　不定形＝分離しない！

・分離動詞

　　Um wie viel Uhr muss ich morgen aufstehen?

　　私は明日、何時に起きなくてはいけないのかなあ？

2 否定詞 nicht の位置（3）　話法の助動詞の場合

　　Er kann nicht schwimmen.　　彼は泳げません。

　　　　　　　　nicht は本動詞の前

・動詞と密接に結びついている文成分がある場合（熟語の場合）

　　Er kann nicht Ski fahren.　　彼はスキーが滑れません。

　　　　　nicht は動詞と結びついている文成分の前

　　　　　　　　　　　　　　　　　　　日本語に訳す必要がない場合が多い

3 man の用法

漠然と人を表わすときには不定代名詞 man が用いられます。

　　Wo kann man eine Zeitung kaufen?　　どこで新聞を買えますか？

　　Hier muss man Parkgebühren bezahlen.　　ここでは駐車料金を払わなくてはなりません。

　　In Deutschland spricht man Deutsch.　　ドイツでは（人は）ドイツ語を話します。

　　　　　　　　　　　　　　　　　　　→ドイツではドイツ語が話されています。

　　　　　　　受動的に訳すとよい！

In der Stadt

町で

e **Ampel**	*e* **Apotheke**	*e* **Bäckerei**	*r* Bahnhof	*e* **Bank**
r Briefkasten	*r* Brunnen	*e* **Buchhandlung**	*e* **Bushaltestelle**	*s* Café
e **Drogerie**	*r* Friseur	*s* Kaufhaus	*s* Kino	*e* **Kirche**
e **Kreuzung**	*r* Marktplatz	*r* Park	*e* **Post**	*s* Restaurant
r Supermarkt	*r* Taxistand	*r* Zebrastreifen	*r* Kiosk	

Wohin?

Ich gehe <u>in den Supermarkt</u>.

Wohin gehen Sie heute Nachmittag?

Und ich muss <u>zur Post</u> gehen.

Zum Friseur. Um 15.00 Uhr habe ich einen Termin.

Ich will <u>ins Kaufhaus</u> und ein Geburtstagsgeschenk für meinen Bruder kaufen.

Übung 1 | パートナーとこれからどこへ行くか、そこで何をするか質問し合ってみましょう。 Fragen Sie Ihren Partner/Ihre Partnerin wohin er/sie heute geht.

Übung 2 | 下の表のそれぞれの場所へ自分がどのくらい行くか書き入れ、例のように質問し合ってみましょう。Wie oft gehen Sie zu folgenden Orten? Fragen Sie auch Ihren Partner/Ihre Partnerin.

例 ○ Wie oft geht Tobias in die Bibliothek?
　● Er geht sehr oft in die Bibliothek.

	Tobias	ich	Partner/in
e Bibliothek	sehr oft		
r Arzt	selten		
s Restaurant	jeden Tag		
e Bank	oft		
s Kino	manchmal		
r Supermarkt	nie		

r Friseur 美容院　　pl. Termine → r Termin 約束、アポイントメント
s Geburtstagsgeschenk 誕生日プレゼント　　e Bibliothek 図書館　　r Arzt 医者　　e Bank 銀行

♪ 65 **Dialog 2**

In der Buchhandlung.

Wo kann man <u>eine Zeitung kaufen</u>?

Oder <u>im Supermarkt</u>.

Die gibt es auch <u>am Kiosk</u>.

Ich lese die Zeitung immer <u>in der Bibliothek</u>. Das kostet nichts.

Übung 3 　次のことがどこでできるかを（　　　）の中に書き入れ、Dialog 2 の下線部を置き換えて練習してみましょう。Machen Sie Dialoge wie Dialog 2.

(1) Geld abheben 　　　（　　　　　）　(2) Brot kaufen 　　　　　　（　　　　　　）
(3) zu Mittag essen 　　（　　　　　）　(4) Bücher kaufen 　　　　　（　　　　　　）
(5) Gummibären kaufen（　　　　　）　(6) Medikamente bekommen（　　　　　　）

♪ 66 **Dialog 3**

Ich brauche <u>ein Shampoo</u>. Wo kann ich das kaufen?

<u>Das</u> kannst du auch im Supermarkt kaufen.

Geh doch <u>in die Drogerie</u>!

Wo ist die Drogerie?

Vor der Kirche.

Und wo gibt es einen Supermarkt?

Gleich neben dem Kaufhaus.

Übung 4 　下線部を置き換えて練習してみましょう。
　　　　　Üben Sie. Benutzen Sie die folgenden Vokabeln.

(1) *pl.* Batterien 　　(2) *pl.* Postkarten 　　(3) *pl.* Briefmarken
(4) *r* Kuli 　　　　　(5) *s* Mineralwasser 　　(6) *r* Reiseführer

---

e Buchhandlung 本屋　　*r* Kiosk キオスク　　immer いつも　　*pl.* Gummibären クマ型のグミ
pl. Medikamente → *s* Medikament 薬　　*s* Shampoo シャンプー　　*e* Drogerie ドラッグストア
pl. Postkarten → *e* Postkarte はがき　　*pl.* Briefmarken → *e* Briefmarke 切手
r Reiseführer 旅行ガイドブック　　gleich すぐ　　neben 〜の横に

♪ 67 **Hörübung 1** a) 音声を聴いて（　　）の中に聴き取った単語を書き入れましょう。

Hören Sie und vervollständigen Sie die Texte.

(1) Schwimmbad

Hallo, Lina! Wohin gehst du?

Ins Schwimmbad.
Ich will schwimmen.

Wo ist denn hier ein Schwimmbad?

Weißt du das nicht? Das Schwimmbad ist
（　　　） dem Kino, （　　　） dem （　　　）.

(2) Universität / Mensa / Bibliothek

Ich suche die Universität.

Ah ja, die Uni. Die ist an der
（　　　）, auf der rechten Seite.

Und die Mensa? Ist die
Mensa （　　　） der
Universität?

Nein, rechts neben der
（　　　）, （　　　） Park.

Ist die Bibliothek auch
in der Nähe?

Ja, die ist auch （　　　） der
Kreuzung, auf der linken
Seite, （　　　） der （　　　）.

Danke.

b) (1) と (2) はどこにありますか？　63 ページの地図に書き入れましょう。

Wo sind die Gebäude? Zeichnen Sie sie auf Seite 63 ein.

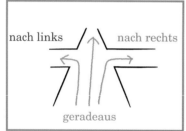

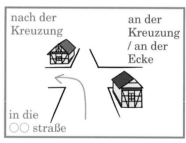

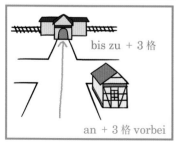

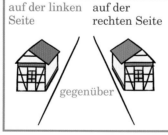

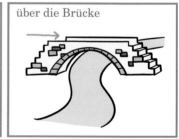

---

e Mensa 学食　　recht 右の　　*e* Seite 側　　in der Nähe 近くに　　link 左の

e Kreuzung 交差点　　geradeaus まっすぐに　　*e* Ecke 角　　an + 3 格 vorbei ～を通り過ぎて

gegenüber + 3 格 ～の向かい側に／で　　über + 4 格 ～の上方に　　*e* Brücke 橋

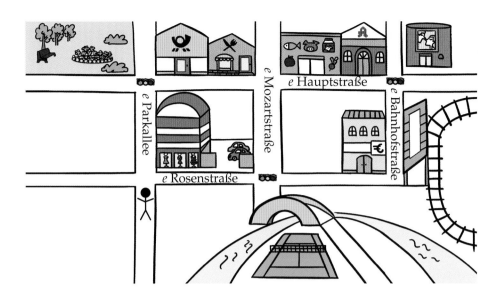

♪ 68 **Dialog 4**   Entschuldigung, wie komme ich zur Post?

> Gehen Sie hier die Parkallee geradeaus, am Kaufhaus vorbei. Gehen Sie dann an der Kreuzung nach rechts. Die Post ist auf der linken Seite.

Vielen Dank.

♪ 69 **Dialog 5**

Entschuldigung, gibt es hier in der Nähe eine Apotheke?

> Ja. Gehen Sie die Rosenstraße geradeaus, bis zum Bahnhof. Da gehen Sie links in die Bahnhofstraße und weiter geradeaus bis zur Kreuzung. Die Apotheke ist gleich links an der Ecke.

Ist das weit?

Nein, zu Fuß nur etwa 10 Minuten.

○ Ich suche ....   ○ Wie komme ich zu ....?
○ Wo ist .... ?   ○ Gibt es hier in der Nähe ....?

---

s Kaufhaus デパート   *e* Apotheke 薬局   *r* Bahnhof 駅   weiter さらに   weit 遠い
zu Fuß 徒歩で   etwa 約   *pl.* Minuten → *e* Minute 分

67 ページの地図を見ながら Dialog 4, Dialog 5 のように道を尋ねる会話を作ってみましょう。

Schreiben Sie Dialoge. Benutzen Sie den Stadtplan auf Seite 67.

(1) ○ Verzeihung, ich suche einen Supermarkt.

● Gehen Sie hier (   ) in die Rosenstraße. Gehen Sie (   ) und dann an der Kreuzung (   ). Das ist die Mozartstraße. Die gehen Sie weiter geradeaus (   ). Der Supermarkt ist (   ).

> nach links / auf der rechten Seite / rechts / bis zur Kreuzung / geradeaus

(2) ○ Entschuldigung, wo ist das Kino?

● Das Kino? Also, gehen Sie die Parkallee geradeaus (   ). An der Kreuzung gehen Sie dann nach rechts (   ) und weiter (   ). An der zweiten Kreuzung sehen Sie (   ) das Kino.

> in die Hauptstraße / links / bis zur Post / geradeaus

♪ 70 **Hörübung 2** 音声を聴き、単語と単語の間に「/」を入れ、正しく書き直しましょう。

Hören Sie. Wie schreibt man die Sätze richtig?

hallojonaswohingehstduzurpostichwillbriefmarkenkaufenunddudindiebibliothekich

mussernenichhabemorgeneinentest

○ _____

● _____

○ _____

♪ 71 **Hörübung 3** 会話の中に出てくる文に ✓ をつけましょう。Welche Sätze hören Sie?

☐ Wie komme ich zum Bahnhof?   ☐ Die Haltestelle ist gleich neben der Post.

☐ Wollen Sie mit dem Bus fahren?   ☐ Die Haltestelle ist gleich neben der Bank.

☐ Zu Fuß etwa 40 Minuten.   ☐ Erst geradeaus, dann nach links.

☐ Gibt es hier in der Nähe eine   ☐ Erst geradeaus, dann nach rechts.
  Bushaltestelle?

---

r Bus バス   *e* Haltestelle 停留所   *e* Bushaltestelle バス停

GRAMMATIK

① 前置詞の格支配

前置詞は特定の格の名詞や代名詞と結びつきます。これを前置詞の格支配といいます。

◆3格支配の前置詞

aus	～（の中）から、～出身
bei	（人を表わす語とともに）～のところで
mit	～と（一緒に）、（手段）～で／～を使って
nach	（中性名詞の地名とともに）～へ、 （時間的に）～の後で
von	（空間的な起点／時点）～から、～の
zu	（特定の場所／人）～へ

◆4格支配の前置詞

durch	（空間的に）～を通って
für	～のために
ohne	～なしで
um	（正確な時間）～時に、 （空間的に）～のまわりに
bis	（時間的に／空間的に）～まで

など

◆3・4格支配の前置詞

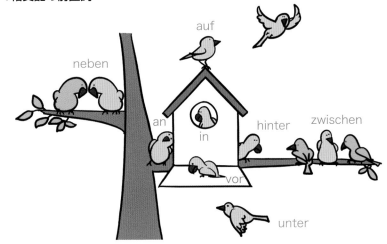

| über |
| auf |
| neben |
| an · in |
| hinter · zwischen |
| vor |
| unter |

4格＝ Wohin? どこへ?

動作の**方向**を表わすとき

Ich gehe in den Supermarkt.

私はスーパーに行きます。

3格＝ Wo? どこで?

動作の**場所**を表わすとき

Ich bin im Supermarkt.
└─ in dem

私はスーパーにいます。

◆前置詞と定冠詞の融合形

名詞の表わすものを特に強く指示する必要のない場合は、前置詞と定冠詞は融合します。

an das → ans	an dem → am	bei dem → beim	in das → ins
in dem → im	von dem → vom	zu dem → zum	zu der → zur　など

◆交通手段を表わす前置詞

mit ＋ 3格

男性 der → **dem**	中性 das → **dem**	女性 die → **der**
mit dem Zug 列車で	mit dem Auto 車で	mit der U-Bahn 地下鉄で

zu Fuß　歩いて

口語では in や auf
の代わりに zu を使
うこともある

◆ 行き先を表わす前置詞

in + 4格　→□

中に入れる場所
- *r* Park 公園
- *r* Supermarkt スーパー
- *s* Café 喫茶店
- *s* Kino 映画館
- *e* Apotheke 薬局
- *e* Bäckerei パン屋

auf + 4格

広い空間＝上に乗る感覚
- *r* Marktplatz（市のたつ）広場
- *r* Tennisplatz テニスコート　*r* Markt 市

zu + 3格　→□

特定の場所
- *r* Bahnhof 駅　　　*s* Rathaus 市庁舎
- *e* Bank 銀行　　　*e* Post 郵便局

特定の場所（中に入れない場所）
- *r* Brunnen 噴水　　*e* Haltestelle 停留所
- *r* Kiosk キオスク

特定の人
- *r* Arzt 医者　など職業名
- Thomas など人名
- 人称代名詞　など

◆ 場所を表わす前置詞

in + 3格　□

中に入れる場所
- *r* Park 公園
- *r* Supermarkt スーパー
- *s* Café 喫茶店
- *s* Kino 映画館
- *e* Bank 銀行
- *e* Bäckerei パン屋

auf + 3格

広い空間＝上に乗る感覚
- *r* Marktplatz（市のたつ）広場
- *r* Tennisplatz テニスコート
- *r* Markt 市

an + 3格　□

中に入れない場所
- *r* Brunnen 噴水
- *r* Kiosk キオスク
- *e* Haltestelle バス停

bei + 3格

特定の人
- *r* Arzt 医者　など職業名
- Thomas など人名
- 人称代名詞　など

Vergangenheit

過去

sein

haben

aufgestanden   eingekauft   eingeschlafen   E-Mail geschrieben

ferngesehen   Freunde getroffen   Fußball gespielt   Hausaufgaben gemacht

in die Stadt gefahren   ins Bett gegangen   nach Hause zurückgekommen

zu Mittag gegessen

Dialog 1

Was hast du am Wochenende gemacht?

Ich bin in die Stadt gefahren und habe eingekauft. Danach bin ich ins Fitnessstudio gegangen. Und du?

Am Samstag habe ich Fußball gespielt. Am Sonntag bin ich erst spät aufgestanden und habe dann meine Eltern besucht.

Übung 1 パートナーと週末に何をしたか聞き合ってみましょう。
Fragen Sie Ihren Partner/Ihre Partnerin was er/sie am Wochenende gemacht hat.

♪ 73 **Dialog 2**

Wo?

Ich war im Kino.

Wo waren Sie gestern Abend?

Ich war zu Hause. Ich hatte Besuch.

Auf dem Sportplatz. Ich hatte Fußballtraining.

Ich hatte eine Verabredung mit meinem Freund. Wir waren in der Pizzeria.

Übung 2 例のように会話してみましょう。Üben Sie mit Ihrem Partner/Ihrer Partnerin.

例 Sie / gestern → zu Hause

○ Wo waren Sie gestern?　　　　　　● Ich war zu Hause.

(1) du / am Wochenende　　　　　　　→ in Berlin

(2) Tobias / am Freitag　　　　　　　→ bei seinen Eltern

(3) ihr / am Samstag　　　　　　　　→ auf der Party

(4) Herr und Frau Steiner / am Sonntag　→ im Konzert

(5) du / heute Vormittag　　　　　　→ in der Uni

(6) Anna / Mittwochnachmittag　　　→ in der Stadt

e Stadt 町、都市　　danach そのあとで　　spät 遅くに　　gestern 昨日　　*r* Besuch 来客
r Sportplatz 運動場、競技場　*s* Fußballtraining サッカーのトレーニング　　*e* Verabredung 約束
e Pizzeria ピザ屋

Übung 3　例のように会話してみましょう。Üben Sie mit Ihrem Partner/Ihrer Partnerin.

例　du / Besuch

○ Hattest du gestern Besuch?　　● Ja, ich hatte Besuch.

(1) Lukas / einen Termin　　(2) Julia / Unterricht

(3) ihr / ein Seminar　　(4) Herr Fischer und Frau Steiner / eine Versammlung

(5) Sie / Zeit　　(6) du / Urlaub

♪ 74 **Hörübung 1**　Susanne の家族は今日一日何をしたでしょう？　音声を聴き、表に書き入れましょう。
Hören Sie und notieren Sie.

| im Büro arbeiten　　einschlafen　　nach Hause zurückkommen |
| bei Tobias Computerspiele machen　　Zeitung lesen |
| für die Prüfung lernen　　in der Schule sein　　eine Versammlung haben |

	Susanne	Mutter (Monika)	Vater (Gerd)	Lukas
am Vormittag	Englischunterricht haben	die Wohnung aufräumen, zum Arzt gehen		
am Nachmittag	bis 15.00 Uhr in der Bibliothek lernen, Tennis spielen	im Café Freundinnen treffen, bis 19.00 Uhr Yoga-Kurs haben		
am Abend	18.00 Uhr–21.00 Uhr jobben	fernsehen		

Übung 4　a) Susanne の家族それぞれの一日について話してみましょう。
Sprechen Sie über Susannes Familie.

例　Susanne hatte am Vormittag Englischunterricht. ...

b) Susanne や Susanne の家族になって、今日一日何をしたか聞き合ってみましょう。
Machen Sie Dialoge mit Ihrem Partner/Ihrer Partnerin.

例

Was hast du heute Nachmittag gemacht?

Ich habe bis 15.00 Uhr in der Bibliothek gelernt. Danach habe ich Tennis gespielt. Und du?

e Versammlung 会議　　*r* Urlaub 休暇
pl. Computerspiele → *s* Computerspiel コンピューターゲーム　　*e* Prüfung 試験

Übung 5　昨日のあなたの一日について表を作り、パートナーと話し合いましょう。
Was haben Sie gestern gemacht? Fragen Sie auch Ihren Partner/Ihre Partnerin.

Uhrzeit

aufstehen

zu Mittag essen

zu Abend essen

ins Bett gehen

> ○ Um wie viel Uhr bist du gestern aufgestanden?
> ● Ich bin um .... Uhr aufgestanden. Und du?
> ○ Was hast du um .... Uhr gemacht?　● Ich habe Deutsch gelernt.

Übung 6　Übung 5 で話したことを発表してみましょう。Stellen Sie Ihren Tagesablauf vor.

例　Ich bin um .... Uhr aufgestanden. Herr/Frau .... ist um .... Uhr aufgestanden.

Übung 7　日付、時刻を言ってみましょう。Wann sind die Termine?

例　10.05
9:30 – 11:00　Am zehnten Mai, am Vormittag von halb zehn bis elf.

(1)　06.10 – 15.10
18:15　Vom sechsten bis zum fünfzehnten Oktober, abends um ....

(2)　22.08
14:00　(3)　11.02
6:20 – 8:30　(4)　03.07 – 05.07
12:45　(5)　28.09
0:35

die Monate

Januar　*Februar*　*März*　*April*　*Mai*　*Juni*

Juli　*August*　*September*　*Oktober*　*November*　*Dezember*

die Jahreszeiten

春 der Frühling　　夏 der Sommer　　秋 der Herbst　　冬 der Winter

e Uhrzeit 時刻

♪ 75 **Dialog 3**　**Wann sind Oma und Opa eigentlich**
in den Urlaub gefahren?

Am 18.

Wann kommen sie wieder zurück?

Am 26.

Dann kommen sie ja morgen schon wieder!

Übung 8　Susanne 一家の１月のカレンダーを見ながら例のように質問し合ってみましょう。
Schreiben Sie Fragen über den Terminkalender. Ihr Partner soll die Fragen
beantworten.

例　○ Wann waren Herr und Frau Bauer in Berlin?　● Vom 4. bis zum 6.
　　○ Wann hatte Monika einen Termin beim Friseur?　● Am 3.
　　○ Wann hat Gerd eine Versammlung?　● Am 28.

(1) _____

(2) _____

(3) _____

(4) _____

(5) _____

Januar

Mo	Di	Mi	Do	Fr	Sa	So
	1	2	3	4	5	6
			Termin (r) beim Friseur (Monika)	← Berlin →		
7	8	9	10	11	12	13
			Termin (r) beim Zahnarzt (Lukas)			Konzert (s)
← Yoga-Kurs (r)(Monika) →						
14	15	16	17	18	19	20
		Führerschein-prüfung (e) (Susi)		← Oma und Opa		
21	22	23	24	25	26	27
		Stefans Geburtstag (r)		heute	Stefans Party (e)	
Urlaub (r) →						
28	29	30	31			
Versammlung (e) haben (Gerd)		Opa und Oma kommen	Anja treffen (Monika)			

---

r Opa おじいちゃん　　eigentlich（疑問文で話し手の疑問を強めて）いったい、そもそも　　wieder 再び
morgen 明日　　wieder | kommen 戻ってくる　　*r* Zahnarzt 歯医者
e Führerscheinprüfung 運転免許試験

♪ 76 **Hörübung 2** 音声を聴き、単語と単語の間に「/」を入れ、正しく書き直しましょう。

Hören Sie. Wie schreibt man die Sätze richtig?

peterwarumwarstdugesternnichtaufmariaspartyichhattekeinezeitichhabeim
restaurantgejobbtschadeeswarsehrlustig

○ _____

● _____

○ _____

♪ 77 **Hörübung 3** 会話の中に出てくる文に✓をつけましょう。Welche Sätze hören Sie?

☐ Hast du den Arzt angerufen?　　☐ Ich habe morgen Nachmittag einen Termin.

☐ Hast du mich angerufen?　　　 ☐ Ich war erst in der Buchhandlung.

☐ Bist du zum Arzt gegangen?　　☐ Wir haben im Café gegessen.

☐ Ich habe morgen Vormittag　　 ☐ Das war schön.
　 einen Termin.

Übung 9 例のようにパートナーに質問してみましょう。

Machen Sie ein Interview mit Ihrem Partner/Ihrer Partnerin.

例 Was hast du gestern gemacht?

Was?

Wann?

Um wie viel Uhr?

Wohin?

Warum?

Wie lange?

---

wie lange どのくらい（の時間）

GRAMMATIK

1　動詞の３基本形

不定形（現在形）、過去基本形、過去分詞を動詞の３基本形と呼びます。

◆過去基本形と過去分詞の作り方

	不定形	過去基本形	過去分詞
規則変化 （弱変化）	語幹＋ en lernen arbeiten	語幹＋ te lernte arbeitete	ge- 語幹 -t gelernt gearbeitet
不規則変化 （強変化）	語幹＋ en kommen gehen	- △ - kam ging	ge- △ -en gekommen gegangen
（混合変化）	語幹＋ en bringen	○＋ te brachte	ge- ○ -t gebracht
sein/haben	sein haben	war hatte	gewesen gehabt

> 語幹が -t や -d で終わる動詞は語尾の前に「口調上の -e-」を入れる

> 過去基本形は語幹のみで語尾はなし

> 過去基本形、過去分詞とも幹母音が変音する場合がある

> 幹母音が変わる

> 基礎動詞の過去基本形の前に前つづりをつける

> 基礎動詞の過去分詞の ge- をとって前つづりをつける

◆過去分詞に ge- がつかない動詞

非分離動詞	besuchen	besuchte	besucht
-ieren	studieren	studierte	studiert

◆分離動詞

分離動詞	aufstehen	stand ... auf	aufgestanden

> 前つづりを分離して後置する

> 基礎動詞の過去分詞の前に前つづりをつける

2　過去を表わす表現

ドイツ語の口語では、過去の事柄を表現するときには通常、現在完了形が用いられます。ただし、sein、haben と話法の助動詞では過去形が用いられることが多く、状態を表わす動詞は過去形も用いられます。

3　過去形

◆過去形が用いられる場合

・sein と haben
・話法の助動詞
・（動作ではなく）状態を表わす動詞
・書き言葉（新聞、日記など）
・報告調の文体

◆**過去人称変化**：過去形は過去基本形に語尾をつけて作ります。

不定詞	sein	haben
過去基本形	war	hatte
ich	war	hatte
du	war**st**	hatte**st**
er/sie/es	war	hatte
wir	war**en**	hatte**n**
ihr	war**t**	hatte**t**
sie	war**en**	hatte**n**
Sie	war**en**	hatte**n**

> 1人称単数形 ich と3人称単数形 er/sie/es では語尾がつかない

> それ以外は現在人称変化と同じ

Ich war damals in Berlin. 　　私は当時ベルリンにいました。

Ich hatte früher mehr Zeit. 　　私は以前はもっと時間がありました。

Ich konnte nicht gut Deutsch sprechen. 　私はドイツ語を上手に話すことができませんでした。

4 現在完了形

現在完了形は助動詞 sein/haben と過去分詞を組み合わせて作ります。

助動詞 sein/haben は主語に合わせて現在人称変化させ、過去分詞は文末に置きます。

定形第**2**位

過去分詞文末

Ich habe schon zu Mittag gegessen. 　　　　私はもう昼食を食べました。

Ich bin gestern nach Heidelberg gefahren. 　　私は昨日ハイデルベルクに行きました。

◆ sein 支配の動詞

① 場所の移動を表わす自動詞

　　ある場所　　　から　　　ある場所へ

kommen（来る），gehen（歩いて行く），fahren（乗り物で行く）など

② 状態の変化を表わす自動詞

　　ある状態　　　から　　　ある状態へ

werden（〜になる），aufstehen（起きる），einschlafen（寝入る）など

③ その他

sein（〜である），bleiben（とどまる）など

5 否定詞 nicht の位置（4）　現在完了形の場合

Er ist heute nicht gekommen. 彼は今日来ませんでした。

> nicht は過去分詞の前

動詞と密接に結びついている文成分がある場合（熟語がある場合）

Er ist heute nicht Ski gefahren. 彼は今日はスキーをしませんでした。

> nicht は動詞と結びついている文成分の前

Reise

旅行

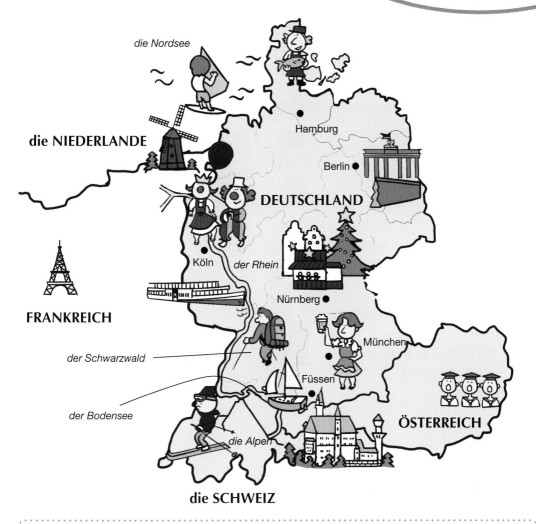

die Nordsee

die NIEDERLANDE

Hamburg

Berlin

DEUTSCHLAND

Köln   *der Rhein*

FRANKREICH

Nürnberg

der Schwarzwald

München

der Bodensee

Füssen

die Alpen

ÖSTERREICH

die SCHWEIZ

am Karnevalsumzug teilnehmen カーニバルのパレードに参加する

auf den Eiffelturm steigen エッフェル塔に上る

auf den Fischmarkt gehen フィッシュマーケットに行く

auf den Weihnachtsmarkt gehen クリスマスマーケットに行く

das Oktoberfest besuchen オクトーバーフェストに行く

die Jungfrau/das Matterhorn besteigen ユングフラウ／マッターホルンに登る

die Überreste der Mauer anschauen ベルリンの壁の跡地を観る

die Wienersängerknaben hören ウィーン少年合唱団を鑑賞する

mit dem Schiff fahren ライン下りをする（船に乗る）

Schloss Neuschwanstein besichtigen ノイシュヴァンシュタイン城を観る

segeln ヨットに乗る   wandern ワンダーフォーゲル（山歩き）をする

Windmühlen anschauen 風車を観る   windsurfen ウィンドサーフィンをする

Wintersport machen   ウィンタースポーツをする

♪ 78 **Dialog 1**

Ich fahre an die Nordsee.

Was wollen Sie in den Ferien machen?

Ich will nach Berlin fahren.

Nächste Woche fliege ich nach Spanien, nach Madrid.

Und ich fahre in die Alpen, zum Wandern.

♪ 79 **Dialog 2**

Was wollen Sie in Berlin machen?

Ich will die Überreste der Mauer anschauen.

Was kann man dort noch machen?

Man kann den Reichstag besichtigen.

Und in Berlin gibt es auch viele Museen.

♪ 80 **Dialog 3**

Womit fahren Sie nach Berlin?

Mit dem Auto.

Man kann auch mit dem Zug fahren.

Ja, ich weiß, aber ich fahre mit meinen Freunden. Sie wollen mit dem Auto fahren.

---

pl. Ferien 休暇　　*e* Nordsee 北海　　fliegen（飛行機で）行く
zum → zu dem（目的・用途）〜のために　　*r* Reichstag ドイツ国会議事堂　　besichtigen 見学する
pl. Museen → *s* Museum 博物館、美術館　　womit ← wo + mit 何で（どの交通手段で）

mit dem Auto	mit dem Zug	mit dem Bus	mit der U-Bahn

mit dem Schiff	mit dem Flugzeug	mit dem Motorrad	mit dem Fahrrad

Übung 1　79 ページのイラストを見ながら Dialog1 〜 3 と下記を参考にして自由に会話してみましょう。Machen Sie Dialoge wie Dialog 1-3.

○ Wohin fährst du in den Ferien?

　　● Nach / In / An …

○ Mit wem fährst du?

　　● Mit …

○ Womit fährst du?

　　● Mit …

○ Was willst du in / an … machen?

　　● Ich will …

○ Was kann man da noch machen?

　　● Man kann auch …

○ Gute Reise und viel Spaß!

> Wohin fährst du in den Ferien?
> Womit fährst du?
> Mit wem fährst du?
> Was kann man da machen? / Was willst du da machen?

---

e U-Bahn 地下鉄　　*s* Schiff 船　　*s* Flugzeug 飛行機

Dialog 4

> Was haben Sie in den Ferien gemacht?

> Ich bin nach Berlin gefahren.

> Wie war es?

> Interessant. Ich habe die Überreste der Mauer gesehen. Und den Reichstag habe ich auch besichtigt.

> Wie lange waren Sie in Berlin?

> Drei Tage. Vom 28. bis zum 30. Dezember.

♪ 82 **Hörübung 1** a) 音声を聴き、Rosa の旅行についてメモを取りましょう。

Was hat Rosa in den Winterferien gemacht. Notieren Sie.

Datum	Stadt	Aktivität	Übernachtung
19. Dez.			
20. Dez.			
21. Dez.			
22. Dez.			

Nürnberg   die Hohensalzburg und Mozarts Geburtshaus besichtigen
Salzburg   auf den Weihnachtsmarkt gehen
München   Schloss Neuschwanstein sehen
Füssen   eine Stadtrundfahrt machen und ein Konzert hören

pl. Tage → *r* Tag 日   *s* Datum 月日   *e* Aktivität 行動   *e* Übernachtung 宿泊
e Hohensalzburg ホーエンザルツブルク城   *s* Geburtshaus 生家   *e* Stadtrundfahrt 市内観光

b) Rosa のメールの続きを書きましょう。Schreiben Sie die Mail von Rosa weiter.

Hallo Eva,

lange nichts von dir gehört. Wie geht es dir? Hattest du schöne Ferien?
Ich war mit Isabella in Süddeutschland und Österreich.
In Nürnberg sind wir …

Es war toll! Melde dich doch bitte! Dann können wir uns mal wieder treffen.
Grüße
Rosa

Übung 2　グループで旅行の計画を立ててみましょう。
Schreiben Sie einen Reiseplan für Ihre Gruppe.

Datum	Stadt	Aktivität	Übernachtung

Übung 3　Dialog 4 を参照しながら、Übung 2 で計画した旅行について話しましょう。
Was haben Sie in den Ferien gemacht? Machen Sie Dialoge.

○ Was hast du in den Ferien gemacht?　　● Ich habe ....

○ Was hast du da gemacht?　　● Ich habe ....

○ Wie war es?　　● Am ersten/zweiten/dritten/vierten
　　　　Tag ....

○ Wo warst du im Urlaub?　　● Ich war in ....

○ Wann warst du in ....?　　● Vom .... bis zum ....

○ Wie lange warst du in ....?　　● .... Tag(e) / .... Woche(n).

○ Wo hast du gewohnt?　　● Im Hotel / Bei einer Gastfamilie.

○ Was hat dir am besten gefallen?

○ Mit wem warst du in ....?

Lange nichts von dir gehört. 久しぶり　　s Süddeutschland 南ドイツ
Melde dich doch bitte! 連絡してね！　　pl. Grüße → r Gruß あいさつ
e Gastfamilie ホストファミリー　　am besten　いちばん

Es ist sonnig / warm / heiß.
Es ist schwül.
Wir haben schönes Wetter.

Es regnet.
Es ist Regenzeit.
Wir haben Regen.
Es ist kühl.

Es schneit.
Wir haben Schnee.
Es ist kalt.

Es ist windig.

Es ist bewölkt.
Es ist bedeckt.

Wir haben ein Gewitter.
Es blitzt und donnert.

Es ist neblig.
Wir haben Nebel.

Es sind 20 Grad.

Es sind minus 10 Grad.

♪ 83 **Dialog 5**

Wetter

Wie ist das Wetter in Berlin heute?

Es ist bewölkt. Es sind 11 Grad.

Wie wird das Wetter morgen?

Morgen wird es sonnig. Wir bekommen 13 Grad.

Und wie war es gestern?

Gestern war es auch bewölkt. Wir hatten nur 10 Grad.

sonnig 晴れた　warm 暖かい　heiß 暑い　schwül 蒸し暑い　*s* Wetter 天気
regnen 雨が降る　*e* Regenzeit 雨季、梅雨　*r* Regen 雨　kühl 涼しい　schneien 雪が降る
r Schnee 雪　kalt 寒い　windig 風が強い　bewölkt 曇った　bedeckt 曇った
s Gewitter 雷雨　blitzen 稲光がする　donnern 雷が鳴る　neblig 霧のかかった　*r* Nebel 霧
s Grad（温度）度　minus マイナス　wird → werden ～になる

♪ 84 **Hörübung 2** a) 天気予報を聴き、表に書き入れましょう。

Hören Sie den Wetterbericht und ergänzen Sie die Informationen.

	gestern		heute		morgen	
Berlin	bewölkt	10℃	bewölkt	11℃	sonnig	13℃
Madrid	bewölkt	11℃	( )	12℃	bewölkt	( )℃
Stockholm	( )	-2℃	Schnee	( )℃	Regen	2℃
Tokyo	bewölkt	11℃	( )	12℃	bewölkt	( )℃
Sydney	sonnig	25℃	bewölkt	23℃	( )	22℃

b) 昨日、今日、明日の各都市の天気について話してみましょう。

Sprechen Sie über das Wetter wie in Dialog 5.

Wie ist das Wetter in .... heute?
Wie war das Wetter in .... gestern?
Wie wird das Wetter in .... morgen?

werden
du wirst
er/sie/es wird

♪ 85 **Hörübung 3** 音声を聴き、単語と単語の間に「/」を入れ、正しく書き直しましょう。

Hören Sie. Wie schreibt man die Sätze richtig?

wieistdaswetterheuteesistkaltwirhabennur12gradundesregnetauch

○ _____

● _____

♪ 86 **Hörübung 4** 会話の中に出てくる文に✓をつけましょう。Welche Sätze hören Sie?

☐ Was machst du denn in den Sommerferien?

☐ Ich habe nichts vor.

☐ Ich fliege in die USA.

☐ Ich fliege ans Meer.

☐ Ich will dort eine Sprachschule besuchen.

☐ Ich wohne bei einer Gastfamilie.

☐ Wir wollen Motorrad fahren.

☐ Vielleicht fahren wir an die Nordsee.

pl. Sommerferien 夏休み　fliegen（飛行機で）行く　*pl.* USA アメリカ合衆国　*s* Meer 海
e Sprachschule 語学学校　besuchen（学校などに）通う

GRAMMATIK

1 前置詞（2）

行き先 / 場所によって用いる前置詞が異なります。

・中性名詞の町・国・大陸   ・中性名詞以外の国

Berlin		r Irak	イラク
Japan		e Türkei	トルコ
Afrika	など	pl. USA	アメリカ合衆国
		pl. Niederlande	オランダ　など

・山・森   ・川・湖・海など水辺

r Wald	森	r Rhein	ライン川
pl. Berge	山　など	r Bodensee	ボーデン湖
		e Nordsee	北海
		r Fluss	川
		r See	湖
		s Meer (e See)	海　など

der Esstisch

r Wein
s Mineralwasser
s Bier
s Ei / pl. Eier
r Reis
r Senf
r, s Ketchup
s Huhn
r Fisch

pl. Spaghetti
e Pizza
e Suppe
s Fleisch
s Baguette

r Joghurt
r Saft
e Milch
s Brötchen
e Brezel
s Croissant

e Marmelade
e Butter
s Kännchen
s Glas
s Brot

r Kaffee
r Tee
r Zucker
s Salz
r Pfeffer

r Käse
e Tasse
e Gabel
s Messer

e Wurst
r Schinken
r Teller
pl. Essstäbchen

e Serviette
r Löffel
s Besteck
e Torte
r Kuchen

e Schokolade
s Eis

町のシンボルの大聖堂が有名なケルン（Köln）。カーニバル（r Karneval）の街としても知られています

ライン川（r Rhein）の中洲に建つプファルツ城（Burg Pfalzgrafenstein）。川を通る船の税関所として機能していました

ハンブルク（Hamburg）のエルプフィルハーモニー（Elbphilharmonie）。2017 年にオープンしたコンサートホールです

伝統的なドイツの木骨建築（s Fachwerk）

ハイデルベルク（Heidelberg）の旧市街の街並み

スイス南西部にあるマッターホルン（s Matterhorn）。標高 4478 メートルの名峰です

パン屋さん（e Bäckerei）には焼き立てのパンが並びます

ミュンヘン（München）の新市庁舎（Neues Rathaus）。仕掛け人形時計（s Glockenspiel）が有名です

アプフェルシュトルーデル（r Apfelstrudel）はリンゴを用いたオーストリアのスイーツ

ドイツ (Deutschland)・オーストリア (Österreich)・スイス (e Schweiz) の国境に位置するボーデン湖 (r Bodensee)。夏はマリンスポーツが盛んです

量り売りでチーズ (r Käse) を買います

ベルリンの歩行者用の信号 (e Ampel) に使われているアンペルマン (Ampelmann) はグッズも販売されるほどの人気者

ベルリン (Berlin) のブランデンブルク門 (s Brandenburger Tor)。1989 年のベルリンの壁崩壊はここから始まりました

オーストリアの首都ウィーン (Wien) にあるシューンブルン宮殿 (Schloss Schönbrunn)。ハプスブルク家の夏の離宮でした

中世の雰囲気が魅力のローテンブルク (Rothenburg)。カラフルな木組の家屋が並びます

ウィーン名物のザッハートルテ (e Sachertorte)

ハンザ同盟の盟主として栄えたリューベック (Lübeck)。バルト海 (e Ostsee) に面しています

クリスマス (s Weihnachten) 前には町の中心部でクリスマスマーケット (r Weihnachtsmarkt) が開かれます

mein Zimmer

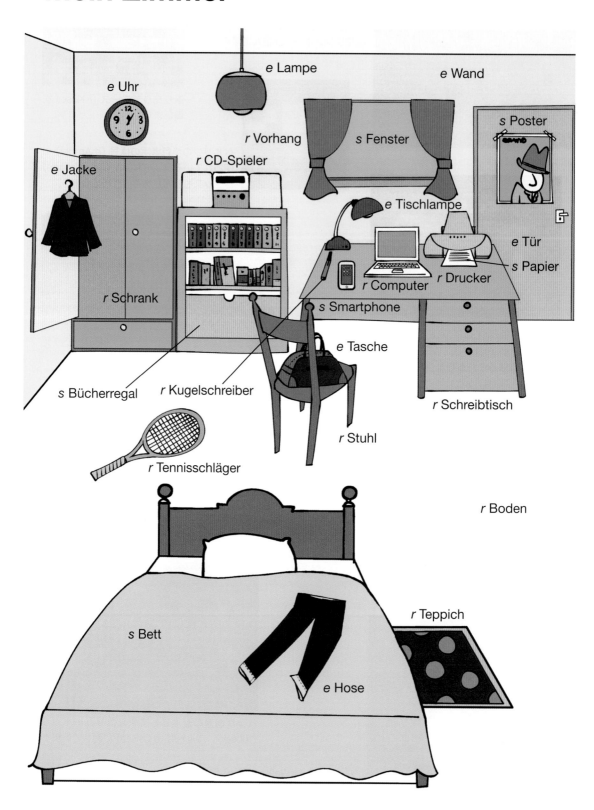

e Lampe

e Wand

e Uhr

r Vorhang

s Fenster

s Poster

r CD-Spieler

e Jacke

e Tischlampe

e Tür

s Papier

r Schrank

r Computer

r Drucker

s Smartphone

s Bücherregal

e Tasche

r Kugelschreiber

r Schreibtisch

r Stuhl

r Tennisschläger

r Boden

r Teppich

s Bett

e Hose

◆ 数　詞

> 16 は sechs の
> s が落ちる

> 30 だけ -zig ではなく -ßig

0 null	**10** zehn	**20** zwanzig	**30** dreißig	**100** hundert
1 eins	**11** elf	**21** einundzwanzig	**40** vierzig	**1 000** tausend
2 zwei	**12** zwölf	**22** zweiundzwanzig	**50** fünfzig	**10 000** zehntausend
3 drei	**13** dreizehn	**23** dreiundzwanzig	**60** sechzig	**100 000** hunderttausend
4 vier	**14** vierzehn	**24** vierundzwanzig	**70** siebzig	**1 000 000** eine Million
5 fünf	**15** fünfzehn	**25** fünfundzwanzig	**80** achtzig	
6 sechs	**16** sechzehn	**26** sechsundzwanzig	**90** neunzig	
7 sieben	**17** siebzehn	**27** siebenundzwanzig		
8 acht	**18** achtzehn	**28** achtundzwanzig		
9 neun	**19** neunzehn	**29** neunundzwanzig		

> 17 は sieben の
> en が落ちる

32

zweiunddreißig

232

zweihundertzweiunddreißig

> 1 の位と 10 の位の順序を
> 逆転させ、間に und を入れる

> 1 は数式のように独立して使う
> 場合は eins、それ以外は不定冠
> 詞と同じように格変化する

◆ お金の読み方

1 Euro	ein Euro
46 Euro	sechsundvierzig Euro
28, 50 Euro	achtundzwanzig Euro fünfzig (Cent)
0, 50 Euro	fünfzig Cent

> 小さい方の単位 (Cent) は
> ふつう読まない

◆ 年　号

1 9 4 5

neunzehnhundertfünfundvierzig

> 2 桁ずつ読み、間に hundert を入れる

2023
zweitausenddreiundzwanzig

> 2000 年以降は普通の数詞の読み方と同じ

♪ 90 ◆ 時 刻

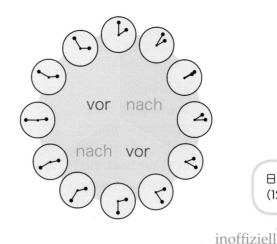

公式の表現
（24 時間制）
鉄道・テレビなど

日常会話表現
（12 時間制）

offiziell		inoffiziell
zwei Uhr	2時	zwei
zwei Uhr fünf	2時5分	fünf nach zwei
zwei Uhr fünfzehn	2時15分	Viertel nach zwei
zwei Uhr fünfundzwanzig	2時25分	fünf vor halb drei
zwei Uhr dreißig	2時30分	halb drei
zwei Uhr fünfunddreißig	2時35分	fünf nach halb drei
zwei Uhr fünfundvierzig	2時45分	Viertel vor drei
zwei Uhr fünfundfünfzig	2時55分	fünf vor drei

○ Wie spät ist es? / Wie viel Uhr ist es?　何時ですか？

● Es ist 18.00 Uhr.　18時です。

○ Wann/Um wie viel Uhr fängt die Vorlesung an?　何時に講義は始まりますか？

● Um 9.00 Uhr.　9時です。

○ Wann kommst du?　君はいつ来る？　　● Gegen 9.00 Uhr.　9時くらい。

○ Wie lange dauert das Konzert?　コンサートはどのくらいかかりますか？

● 2 Stunden, von 19.00 Uhr bis 21.00 Uhr.　19時から21時まで2時間です。

um　　（正確に）～時に
gegen　～時頃
von ... bis ...　～時から～時まで

♪ 91 ◆ 序 数

1 から 19 までは数詞に -t をつける

erst- zwei**t**- **dritt**- vier**t**- fünf**t**- sechst- **siebt**- **acht**- neun**t**- zehn**t**-

20 以上は -st をつける

zwanzig**st**- dreißig**st**- vierzig**st**-
in der ersten Etage　　1（2）階に

ドイツの建物は1階を Erdgeschoss
（グランドフロア）と言い、日本の建
物の2階にあたるのが1階になる

♪ 92 ◆ 日 付　　日にちは序数で表わす

achtzehnten

○ Wann hast du Geburtstag?　　● Am 18. August habe ich Geburtstag.
誕生日はいつ？　　　　　　　　　8月18日です。

○ Der Wievielte ist heute?　　● Heute ist der 18. August.
今日は何日ですか？　　　　　　　8月18日です。　achtzehnte

文法変化表

定冠詞の格変化

	男性	女性	中性	複数形
1格	der Tisch	die Tasche	das Buch	die Kinder
2格	des Tisch[e]s	der Tasche	des Buch[e]s	der Kinder
3格	dem Tisch	der Tasche	dem Buch	den Kindern
4格	den Tisch	die Tasche	das Buch	die Kinder

dieser 型冠詞類の格変化

	男性	女性	中性	複数形
1格	dieser Tisch	diese Tasche	dieses Buch	diese Kinder
2格	dieses Tisch[e]s	dieser Tasche	dieses Buch[e]s	dieser Kinder
3格	diesem Tisch	dieser Tasche	diesem Buch	diesen Kindern
4格	diesen Tisch	diese Tasche	dieses Buch	diese Kinder

不定冠詞の格変化

	男性	女性	中性
1格	ein Tisch	eine Tasche	ein Buch
2格	eines Tisch[e]s	einer Tasche	eines Buch[e]s
3格	einem Tisch	einer Tasche	einem Buch
4格	einen Tisch	eine Tasche	ein Buch

否定冠詞の格変化

	男性	女性	中性	複数形
1格	kein Tisch	keine Tasche	kein Buch	keine Kinder
2格	keines Tisch[e]s	keiner Tasche	keines Buch[e]s	keiner Kinder
3格	keinem Tisch	keiner Tasche	keinem Buch	keinen Kindern
4格	keinen Tisch	keine Tasche	kein Buch	keine Kinder

所有冠詞の格変化

	男性	女性	中性	複数形
1格	mein Vater	meine Mutter	mein Kind	meine Kinder
2格	meines Vaters	meiner Mutter	meines Kind[e]s	meiner Kinder
3格	meinem Vater	meiner Mutter	meinem Kind	meinen Kindern
4格	meinen Vater	meine Mutter	mein Kind	meine Kinder

mein 私の　　dein 君の　　sein 彼の　　ihr 彼女の　　sein それの

unser 私たちの　　euer 君たちの　　ihr 彼らの　　Ihr あなた[たち]の

人称代名詞

	単					複			単複
	1人称	2人称 （親称）	3人称 男	女	中	1人称	2人称 （親称）	3人称	2人称 （敬称）
1格	ich	du	er	sie	es	wir	ihr	sie	Sie
3格	mir	dir	ihm	ihr	ihm	uns	euch	ihnen	Ihnen
4格	mich	dich	ihn	sie	es			sie	Sie

指示代名詞

	男性	中性	女性	複数形
1格	der	das	die	die
2格	dessen	dessen	deren	deren
3格	dem	dem	der	denen
4格	den	das	die	die

疑問代名詞 wer と was

1格	wer	was
2格	wessen	(wessen)
3格	wem	
4格	wen	was

sein と haben の人称変化

sein			haben		
	現在形	過去形		現在形	過去形
	sein	war		haben	hatte
ich	bin	war	ich	habe	hatte
du	bist	warst	du	hast	hattest
er/sie/es	ist	war	er/sie/es	hat	hatte
wir	sind	waren	wir	haben	hatten
ihr	seid	wart	ihr	habt	hattet
sie	sind	waren	sie	haben	hatten
Sie	sind	waren	Sie	haben	hatten

話法の助動詞の人称変化

現在形

	können ～できる	müssen ～しなければならない	dürfen ～してもよい	wollen ～するつもり	sollen ～すべき	möchte ～したい
ich	kann	muss	darf	will	soll	möchte
du	kannst	musst	darfst	willst	sollst	möchtest
er/sie/es	kann	muss	darf	will	soll	möchte
wir	können	müssen	dürfen	wollen	sollen	möchten
ihr	könnt	müsst	dürft	wollt	sollt	möchtet
sie	können	müssen	dürfen	wollen	sollen	möchten
Sie	können	müssen	dürfen	wollen	sollen	möchten

過去形

	konnte	musste	durfte	wollte	sollte
ich	konnte	musste	durfte	wollte	sollte
du	konntest	musstest	durftest	wolltest	solltest
er/sie/es	konnte	musste	durfte	wollte	sollte
wir	konnten	mussten	durften	wollten	sollten
ihr	konntet	musstet	durftet	wolltet	solltet
sie	konnten	mussten	durften	wollten	sollten
Sie	konnten	mussten	durften	wollten	sollten

● 文法補足

■ 動詞の格支配

格は文中での名詞の役割（＝名詞が他の語に対してどういう関係にあるか）を示します。
動詞によって目的語の格が決まっていることを**動詞の格支配**といいます。
多くの動詞が４格目的語とともに用いられ、３格目的語とともに用いられる動詞や３格と４格、
２つ目的語をとる動詞もあります。

ドイツ語の格は日本語の格助詞に相当し、１格は「は／が」、２格は「の」、３格は「に」、４格
は「を」に訳されることが多いですが（37 ページ参照）、必ずそう訳せるとは限りません。
例えば helfen（助ける、手伝う）は３格支配の動詞ですが、日本語では「誰々を助ける、手伝う」
であり、「に」ではなく、「を」と訳すことが妥当です。

何格支配の動詞であるのかを分類して覚えるとよいでしょう。

〈１格支配〉

wer／was	動詞	wer／was
1格	sein ⟶	**1格**

Das　　　　　　ist　　　ein Kugelschreiber.

それはボールペンです。

〈４格支配〉

wer／was	動詞	wen／was
1格	haben／lieben ➡	**4格**

Mein Bruder　　　hat　　　einen Kopfhöhrer

私の兄はヘッドフォンを持っています。

Ich　　　　　liebe　　　　dich.

私は君を愛しています。

〈３格支配〉

wer／was	動詞	wem／was
1格	gehören／helfen ➡	**3格**

Der Kugelschreiber　　　gehört　　　der Studentin.

そのボールペンはその（女子）学生のものです。

Ich　　　　　helfe　　　　dir.

私は君を手伝います。

〈3・4格支配〉

| | wer/was | 動詞 | wem/was | wen/was |

| 1格 | geben/schenken → | 3格 | 4格 |

| Mein Bruder | gibt | mir | einen Kuli. |

兄が私にボールペンをくれました。

| Ich | schenke | meiner Mutter | ein Buch. |

私は母に本をプレゼントします。

■ 語順

語順は定形第2位という規則のほか、語の情報価値や話し手の意志、言語慣習などによって決定されます。

1. 定形第2位

平叙文では定形（定動詞）は常に第2位に置く

2. 言語慣習

① 主語のほか、時間や場所などの語句は文頭に置かれる。文頭に置くことによって相手の注意を引きつける効果がある　＝強調したい語句は文頭に置く

② 定形（定動詞）と意味上関係が強い語は文末に置かれる

③ 小さい（短い）語は定形の直後に置かれる（語順が早い）

3. 名詞・代名詞の語順

どちらも名詞の場合　　原則として　3格　－　4格

Ich schenke meinem Vater ein Buch.　私は父に本を贈ります。

どちらも代名詞の場合　4格　－　3格

Ich schenke es ihm.　私はそれを彼に贈ります。

名詞と人称代名詞混在の場合

　　格にかかわらず　人称代名詞　－　名詞

※言語慣習③参照　通常代名詞の方が名詞よりも短い

Ich schenke ihm ein Buch.　　私は彼に本を贈ります。

Ich schenke es meinem Vater.　私はそれを父に贈ります。

4. 副詞の語順　te・ka・mo・lo の法則

原則として

時間 (temporal)　理由 (kausal)　様態 (modal)　場所 (l o k a l)

この法則は絶対的なものではなく、どこを強調するかなどの話し手の意志や文脈によって変更される

Ich fahre <u>morgen</u> <u>beruflich</u> <u>mit dem Zug</u> <u>nach München</u>.

時間	理由	様態	場所
te	ka	mo	lo

私は明日商用で電車に乗ってミュンヘンに行きます。

5. 目的語の語順

「誰に」は時間の前、「何を」は場所の前に置く

■ 男性弱変化名詞

単数 1 格以外が -[e]n となる男性名詞を男性弱変化名詞と呼びます。

この変化に属するものは

(1) -e で終わるもの　　　　　Junge 男の子　　Kollege 同僚
(2) -ent、-ist で終わるもの　Student 大学生　Pianist ピアニスト
(3) その他　　　　　　　　　Mensch 人間　　Herr (男性) ～さん

	-e で終わる男性名詞	-ent, -ist で終わる男性名詞	その他
1格	der Junge	der Student	der Herr
2格	des Jungen	des Studenten	des Herrn
3格	dem Jungen	dem Studenten	dem Herrn
4格	den Jungen	den Studenten	den Herrn

■ 名詞と名詞の合成語

ドイツ語は非常に合成能力の高い言語で、2 つ以上の単語が結びついて新しい単語 (合成語) が造られます。名詞と名詞が結合した合成語の性・数は後ろの名詞の性・数に従います。

die Kugel (球)　+　der Schreiber (筆記具)　=　der Kugelschreiber (ボールペン)

■ nicht の位置

(1) 動詞を否定する場合 (全文否定) は原則として nicht は文末に置く。

Ich kaufe das Buch nicht.　私はその本を買いません。
Sie liebt ihn nicht.　彼女は彼を愛していません。

(2) 否定したい語がある場合（部分否定）には nicht はその前に置く。

Ich tanze nicht <u>gern</u>. 私は踊るのは好きではありません。

Er kommt nicht <u>heute</u>, sondern morgen. 彼は、今日ではなく明日来ます。

(3) 熟語の場合（動詞とある文成分が密接に結びついている場合）、nicht はその文成分の前に置く。

Ich <u>spiele</u> nicht <u>Klavier</u>. 私はピアノを弾きません。

Ich <u>fahre</u> nicht <u>Auto</u>. 私は運転しません。

(4) 方向・場所を表わす文成分がある場合、nicht はその前に置く。

Er wohnt nicht <u>in München</u>. 彼はミュンヘンに住んでいません。

Ich gehe nicht <u>ins Kino</u>. 私は映画館へ行きません。

(5) sein/werden + 述語（形容詞・名詞）の場合、nicht はその述語の前に置く。

Ich bin nicht <u>krank</u>. 私は病気ではありません。

Ich bin nicht <u>Lehrer</u>. 私は教師ではありません。

(6) 助動詞がある場合、nicht は本動詞の前に置く。

Ich will heute nicht <u>arbeiten</u>. 私は今日、働くつもりはありません。

Sie ist heute nicht <u>gekommen</u>. 彼女は今日、来ませんでした。

(7) 分離動詞の前つづりがある場合、nicht はその前に置く。

Ich komme nicht <u>mit</u>. 私は一緒に行きません。

不規則動詞の変化表

不定詞	直説法現在	直説法過去	過去分詞
backen 焼く		backte	gebacken
beginnen 始める		begann	begonnen
bieten 提供する	du bietest er/sie/es bietet	bot	geboten
bitten 頼む	du bittest er/sie/es bittet	bat	gebeten
bleiben (s) ～のままでいる		blieb	geblieben
brechen 折る	du brichst er/sie/es bricht	brach	gebrochen
bringen 持ってくる		brachte	gebracht
denken 考える		dachte	gedacht
dürfen ～してもよい	ich darf du darfst er/sie/es darf	durfte	gedurft (dürfen)
empfehlen 勧める	du empfiehlst er/sie/es empfiehlt	empfahl	empfohlen
essen 食べる	du isst er/sie/es isst	aß	gegessen
fahren (s) （乗り物で）行く	du fährst er/sie/es fährt	fuhr	gefahren
fallen (s) 落ちる	du fällst er/sie/es fällt	fiel	gefallen
fangen 捕まえる	du fängst er/sie/es fängt	fing	gefangen
finden 見つける / 思う	du findest er/sie/es findet	fand	gefunden
fliegen (s) 飛ぶ		flog	geflogen
geben 与える	du gibst er/sie/es gibt	gab	gegeben
gehen (s) 行く		ging	gegangen
genießen 楽しむ	du genießt er/sie/es genießt	genoss	genossen
geschehen (s) 起こる	es geschieht	geschah	geschehen
greifen つかむ		griff	gegriffen
haben 持っている	du hast er/sie/es hat	hatte	gehabt
halten 保つ / 思う	du hältst er/sie/es hält	hielt	gehalten
hängen 掛かっている		hing	gehangen
heben 持ちあげる		hob	gehoben
heißen ～という名前である	du heißt er/sie/es heißt	hieß	geheißen
helfen 助ける	du hilfst er/sie/es hilft	half	geholfen
kennen 知っている		kannte	gekannt
kommen (s) 来る		kam	gekommen

不定詞	直説法現在	直説法過去	過去分詞
können ～できる	ich kann du kannst er/sie/es kann	konnte	gekonnt (können)
laden 積み込む	du lädst er/sie/es lädt	lud	geladen
lassen ～させる	du lässt er/sie/es lässt	ließ	gelassen (lassen)
laufen (s) 走る	du läufst er/sie/es läuft	lief	gelaufen
leihen 貸す		lieh	geliehen
lesen 読む	du liest er/sie/es liest	las	gelesen
liegen 横たわっている		lag	gelegen
mögen ～だろう / 好きである	ich mag du magst er/sie/es mag	mochte	gemocht (mögen)
müssen ～しなければならない	ich muss du musst er/sie/es muss	musste	gemusst (müssen)
nehmen 取る	du nimmst er/sie/es nimmt	nahm	genommen
nennen 名づける		nannte	genannt
raten 忠告する	du rätst er/sie/es rät	riet	geraten
reiten (s) 馬に乗る	du reitest er/sie/es reitet	ritt	geritten
rennen (s) 駆ける		rannte	gerannt
rufen 呼ぶ		rief	gerufen
schaffen やり遂げる		schuf	geschaffen
scheinen 輝く		schien	geschienen
schlafen 眠る	du schläfst er/sie/es schläft	schlief	geschlafen
schlagen 打つ	du schlägst er/sie/es schlägt	schlug	geschlagen
schließen 閉める	du schließt er/sie/es schließt	schloss	geschlossen
schneiden 切る		schnitt	geschnitten
schreiben 書く		schrieb	geschrieben
schreien 叫ぶ		schrie	geschrien
schwimmen (s) 泳ぐ		schwamm	geschwommen
sehen 見る	du siehst er/sie/es sieht	sah	gesehen
sein (s) ～である	ich bin du bist er/sie/es ist wir sind ihr seid sie sind Sie sind	war	gewesen
senden 送る / 放送する	du sendest er/sie/es sendet	sandte (sendete)	gesandt (gesendet)

不定詞	直説法現在	直説法過去	過去分詞
singen 歌う		sang	gesungen
sitzen 座っている	du sitzt er/sie/es sitzt	saß	gesessen
sollen ～すべきである	ich soll du sollst er/sie es soll	sollte	gesollt (sollen)
sprechen 話す	du sprichst er/sie/es spricht	sprach	gesprochen
stechen 刺す	du stichst er/sie/es sticht	stach	gestochen
stehen 立っている		stand	gestanden
steigen (s) 登る		stieg	gestiegen
sterben (s) 死ぬ	du stirbst er/sie/es stirbt	starb	gestorben
streiten 争う		stritt	gestritten
tragen 運ぶ / 身につけている	du trägst er/sie/es trägt	trug	getragen
treffen 会う	du triffst er/sie/es trifft	traf	getroffen
treiben 行う		trieb	getrieben
treten (s) 歩む	du trittst er/sie/es tritt	trat	getreten
trinken 飲む		trank	getrunken
tun する	ich tue du tust er/sie/es tut	tat	getan
vergessen 忘れる	du vergisst er/sie/es vergisst	vergaß	vergessen
verlieren 失う		verlor	verloren
wachsen (s) 成長する	du wächst er/sie/es wächst	wuchs	gewachsen
waschen 洗う	du wäschst er/sie/es wäscht	wusch	gewaschen
werden (s) ～になる	du wirst er/sie/es wird	wurde	geworden (worden)
werfen 投げる	du wirfst er/sie/es wirft	warf	geworfen
wissen 知っている	ich weiß du weißt er/sie/es weiß	wusste	gewusst
wollen ～するつもりである	ich will du willst er/sie/es will	wollte	gewollt (wollen)
ziehen 引く		zog	gezogen

入門ドイツ語プラクティッシュ〈プラス〉

2022 年 2 月 20 日　第 1 版発行

著　者——三宅恭子（みやけ きょうこ）
　　　　ミヒャエラ・コッホ（Michaela Koch）

発行者——前田俊秀

発行所——株式会社　三修社
　　　　〒 150-0001
　　　　東京都渋谷区神宮前 2-2-22
　　　　TEL 03-3405-4511 / FAX 03-3405-4522
　　　　振替 00190-9-72758
　　　　https://www.sanshusha.co.jp
　　　　編集担当　菊池　暁　伊吹和真

印刷所——日経印刷株式会社

© 2022 Printed in Japan ISBN978-4-384-12307-4 C1084

表紙デザイン —— 岩井デザイン
表紙写真 —— ピクスタ
本文 DTP —— 株式会社欧友社
本文イラスト —— 鹿野理恵子

教科書準拠 CD 発売
本書の準拠 CD をご希望の方は弊社までお問い合わせください。

praktisch.de ⟨plus⟩
Arbeitsbuch

SANSHUSHA

Lektion 1

Übung 1　矢印の関係が Sie か du かを下線部に書き入れましょう。Sie oder du? Ergänzen Sie.

(1) _____

(2) _____

(3) _____

(4) _____

(5) _____

(6)

Übung 2　下の動詞を適切な形にして下線部を埋めましょう。
Ergänzen Sie die Verben in der richtigen Form.

(1) Was _____ Sie?

Ich _____ Chemie.

(2) Wie _____ du?

Ich _____ Erik.

(3) Woher _____ Anna und Tobias ?

Sie _____ aus Hamburg.

(4) Wo _____ Luisa?

Sie _____ in Berlin.

(5) Was _____ ihr?

Wir _____ Deutsch.

....
heißen wohnen lernen kommen studieren
....

Übung 3　正しい文を作りましょう。Schreiben Sie Sätze.

(1) in Berlin / wohnen / ich / .　　_____

(2) jetzt / wir / Englisch / lernen / .　　_____

(3) sein / alt / er / 19 / Jahre / .　　_____

(4) heißen / wie / Sie / ?　　_____

(5) wo / ihr / wohnen / ?　　_____

(6) sein / wer / du / ?　　_____

(7) Sie / kommen / aus / Deutschland / ?　　_____

(8) sein / du / Studentin / ?　　_____

Übung 4　疑問文を作りましょう。Schreiben Sie die Fragesätze.

(1) ○_____?　● Ich heiße Anne Bach.

(2) ○_____?　● Er kommt aus Italien.

(3) ○_____?　● Ich wohne in Köln.

(4) ○_____?　● Sie ist 18 Jahre alt.

(5) ○_____?　● Ich lerne Deutsch.

(6) ○_____?　● Er studiert Jura.

1

適切な答えを選んで下の表に書き入れましょう。

Tragen Sie die richtigen Antworten in die Tabelle ein.

(1) Was macht Jonas?

    E Er wohnt in Frankfurt.

    G Er studiert Germanistik.

    F Er ist 18 Jahre alt.

(2) Woher kommen Sie?

    S Sie kommen aus Bremen.

    T Sie kommt aus Bremen.

    U Ich komme aus Bremen.

(3) Was studiert sie?

    T Sie studiert Informatik.

    S Ich studiere Informatik.

    U Sie studieren Informatik.

(4) Arbeiten sie hier?

    E Ja, sie arbeiten hier.

    F Nein, sie arbeitet nicht in Berlin.

    G Nein, ich wohne nicht in Berlin.

(5) Wer bist du?

    O Ja, ich bin Studentin.

    N Ich bin Laura.

    P Ich bin 21 Jahre alt.

(6) Bist du Student?

    R Ich bin Tobias.

    S Nein, aus Hamburg.

    T Nein, Schüler.

(7) Wohnst du in Berlin?

    A Nein, ich wohne in Dresden.

    B Nein, ich bin Student.

    C Nein, ich wohne nicht in Bern.

(8) Heißen Sie Koch?

    E Nein, ich bin Lehrer.

    F Ja, sie heißen Koch.

    G Ja, mein Name ist Koch.

(1)	(2)	(3)	(4)	(5)	(6)	(7)	(8)

適切な人称代名詞を下線に書き入れましょう。

Welche Personalpronomen passen?

例 _wir/sie/Sie_ kommen   (1) _____ arbeitet   (2) _____ wohne

(3) _____ heißt   (4) _____ sind   (5) _____ studierst

(6) _____ bin   (7) _____ lernen   (8) _____ ist

(9) _____ macht   (10) _____ komme   (11) _____ bist

sein を正しい形にして下線部に書き入れましょう。

Ergänzen Sie *sein* in der richtigen Form.

(1) ○ _____ du Klaus?   ● Nein, ich _____ Stefan.

(2) ○ _____ Julia Studentin?   ● Ja, sie studiert Japanologie.

(3) ○ Woher _____ Sie, Herr Meier?   ● Ich _____ aus Bremen.

(4) ○ Anna, Lukas, wo _____ ihr?   ● Wir _____ hier, Mama!

(5) ○ Wie alt _____ Lisa und Emil?   ● Lisa _____ 18, Emil _____ 19.

_r_ Schüler 生徒   _r_ Lehrer 教師   Japanologie 日本語日本文学

大文字小文字の間違いを探して正しく直しましょう。
Korrigieren Sie die Groß- und Kleinschreibung.

○ Guten tag! Wie heißen sie?

● Ich heiße Sophia Zimmerman.

○ Woher kommen sie, frau Zimmermann? Aus deutschland?

● Nein, Ich komme aus österreich, aus wien. Und sie? Wie heißen sie?

○ Mein name ist Fischer, Martin Fischer.

○ Hallo! Ich bin Manuel. Und wer bist du?

● Ich bin Petra.

○ Was machst du hier in berlin, Petra? Bist du studentin?

● Ja, Ich studiere jura. Und du? Bist du auch student?

○ Ja, aber hier in berlin lerne Ich deutsch.

Übung 9   正しい順に並び変えましょう。Ordnen Sie die Dialoge.

(1) (　　) Natalia Kravchenko.

　　(　　) Ja, ich arbeite jetzt hier in Wien.

　　(　　) Arbeiten Sie auch hier, Herr Müller?

　　(1) Guten Tag. Mein Name ist Natalia Kravchenko.

　　(　　) Ah, Frau Kravchenko. Ich bin Lars Müller.

　　(　　) Entschuldigung, wie heißen Sie?

(2) (　　) Ich bin auch Student. Ich studiere Pädagogik.

　　(　　) Ich heiße Tomoki.

　　(　　) Aha. Wohnst du jetzt hier in Köln?

　　(1) Hallo, ich bin Klaus. Und wer bist du?

　　(　　) Ja, ich studiere hier Mathematik.

　　(　　) Aus Japan, aus Nagoya.

　　(　　) Woher kommst du, Tomoki?

Übung 10   数詞をドイツ語で書きましょう。Schreiben Sie die Zahlen in Worten.

(1)　0　_____　　(2) 35　_____

(3) 10　_____　　(4) 54　_____

(5) 12　_____　　(6) 78　_____

(7) 21　_____　　(8) 96　_____

entschuldigung すみません　　Mathematik 数学

Lektion 2

Übung 1 下線部に動詞を適切な形にして入れましょう。
Ergänzen Sie die Verben in der richtigen Form.

(1) Naoko _____ gern Zeitung.

(2) Carmen _____ gern Filme.

(3) ○_____ du lieber Fahrrad oder lieber Motorrad?

    ● Ich _____ lieber Fahrrad.

(4) ○_____ ihr heute ins Konzert?

    ● Ja, wir _____ ins Konzert.

(5) ○ Was _____ John gern?   ● Er _____ gern Fußball.

(6) ○ Was _____ wir heute? _____ du gern Italienisch?

    ● Ja, ich _____ gern Spaghetti.

    ○ Gut, dann _____ ich Spaghetti.

(7) ○_____ du Spanisch?

    ● Ja, ich _____ Spanisch und Englisch.

(8) ○ Was _____ Lukas jetzt?   ● Er _____.

> schlafen   fahren (2 ×)   kochen   sprechen (2 ×)   essen (3 ×)
> lesen   spielen   machen (2 ×)   gehen (2 ×)   sehen

Übung 2 Ja / Nein / Doch のうち、正しい語を下線部に入れましょう。Ergänzen Sie.

(1) ○ Schwimmt ihr gern?   ● _____, wir schwimmen gern.

(2) ○ Tanzen Sie nicht gern?   ● _____, ich tanze nicht gern.

(3) ○ Siehst du gern Baseballspiele? ● _____, ich sehe lieber

                                    Fußballspiele.

(4) ○ Singt Anna nicht gern?   ● _____, natürlich singt sie gern.

(5) ○ Spielt ihr nicht gern Tennis? ● _____, wir spielen nie Tennis.

(6) ○ Kochst du nicht gern?   ● _____, ich koche jeden Tag.

Übung 3 正しい文を作りましょう。Schreiben Sie Sätze.

> sg. 単数
> pl. 複数

(1) gut / Deutsch / sie (sg.) / sprechen / . _____

(2) nicht / Zeitung / du / lesen / gern / ? _____

(3) gern / Anna / essen / Reis / ? _____

(4) wer / gern / sehen / Filme / ? _____

(5) fahren / gern / du / Fahrrad / ? _____

(6) laufen / Ski / gern / er /. _____

---

s Motorrad オートバイ   s Konzert コンサート   s Italienisch イタリア料理
pl. Spaghetti スパゲッティ

Thomas を主語にして書き換えましょう。 Schreiben Sie den Text um.

Hallo! Ich bin Thomas. Ich bin Student und wohne in Dresden. Am Samstag habe ich meistens Zeit und fahre mit dem Fahrrad einkaufen. Ich kaufe oft Spaghetti und Tomaten. Ich esse sehr gern Pasta! Abends sehe ich Filme auf Netflix oder treffe Freunde. Am Sonntag schlafe ich lange. Dann lese ich oder mache Hausaufgaben.

Das ist Thomas. _____

_____

_____

_____

Übung 5 haben を活用させて下線部に入れましょう。
Ergänzen Sie *haben* in der richtigen Form.

(1) ○ Wann _____ Herr Meier und Frau Steiner frei?

 ● Am Samstag _____ sie frei.

(2) ○_____ du am Samstag frei, Jürgen?

 ● Ja, am Wochenende _____ ich immer frei.

(3) ○_____ ihr am Samstag frei?

 ● Florian _____ frei, aber Klaus und ich _____ leider nicht frei.

(4) ○_____ Sie jetzt frei?

 ● Nein, wir _____ heute nicht frei.

Übung 6 教科書 20 ページ Übung 8 の Tina のメールに返信しましょう。
Schreiben Sie eine Antwort auf die Mail von Tina im Kursbuch auf Seite 20.

ich – am Samstag – leider keine Zeit haben : am Wochenende – Mathematik lernen
ich – am Montag – einen Test haben   du – nächstes Wochenende – Zeit haben?

Hallo Tina,

....

....

....

Frank

---

meistens たいていは　　*pl.* Tomaten → *e* Tomate トマト　　*pl.* Pasta パスタ

pl. Freunde → *r* Freund 友だち　　lange 長い間、ずっと

pl. Hausaufgaben → *e* Hausaufgabe 宿題　　frei 自由な／空いている　　*s* Wochenende 週末

immer いつも　　*r* Test テスト　　nächstes Wochenende 来週末

次のグループチャットを読んで質問に答えましょう。
Lesen Sie den Chat und beantworten Sie die Fragen.

Conny

Hey, ihr! Was macht ihr denn am Samstag?
Gehen wir einkaufen? Wer hat Zeit?

Theo

Einkaufen? Langweilig! 🙁   Also, ich gehe ins Kino.

Karo

Einkaufen ist doch super! 😊 Ich komme!

Ellen

Ich nicht. Ich spiele lieber Tennis. Oder gehe schwimmen.
Kommt doch auch!

Tim

Sport? Nein, danke!
Am Wochenende schlafe ich lieber.

Emma

Sorry 🙁 , ich habe am Samstag Italienisch-Kurs.

Rudi

Am Wochenende lernst du? 😲 Wow!
Conny, ich komme auch. 😊

Olaf

Keine Zeit. 🙁 Ich habe Fußballtraining.

(1) Geht Theo nicht gern einkaufen?　＿＿＿＿＿＿＿＿＿＿＿＿＿＿＿＿＿＿

(2) Geht Karo gern einkaufen?　＿＿＿＿＿＿＿＿＿＿＿＿＿＿＿＿＿＿

(3) Was macht Ellen lieber? Einkaufen oder Sport?

＿＿＿＿＿＿＿＿＿＿＿＿＿＿＿＿＿＿

(4) Was macht Tim am Samstag?　＿＿＿＿＿＿＿＿＿＿＿＿＿＿＿＿＿＿

(5) Hat Emma am Samstag Zeit?　＿＿＿＿＿＿＿＿＿＿＿＿＿＿＿＿＿＿

(6) Lernt Rudi am Wochenende?　＿＿＿＿＿＿＿＿＿＿＿＿＿＿＿＿＿＿

(7) Was macht Olaf am Samstag?　＿＿＿＿＿＿＿＿＿＿＿＿＿＿＿＿＿＿

(8) Wer geht am Samstag einkaufen?　＿＿＿＿＿＿＿＿＿＿＿＿＿＿＿＿＿＿

---

langweilig 退屈な　　also だから　　super すごい　　r Kurs 講座、コース
s Fußballtraining サッカーのトレーニング

Lektion 3

Übung 1 下線部に不定冠詞・否定冠詞を書き入れましょう。不要な場合は×を入れましょう。
Ergänzen Sie die unbestimmten Artikel und die negativen Artikel. In manchen Fällen ist kein Artikel nötig. Dann schreiben Sie × .

(1) ○ Ist das _____ Tasche? ● Nein, das ist _____ Tasche.

(2) ○ Sind das _____ CDs? ● Doch, das sind _____ CDs.

(3) ○ Ist das _____ Kuli? ● Doch, das ist _____ Kuli.

(4) ○ Ist das _____ Heft? ● Nein, das ist _____ Zeitschrift.

(5) ○ Sind das _____ Bleistifte? ● Nein, das sind _____ Bleistifte.

(6) ○ Ist das _____ Etui?

    ● Nein, das ist _____ Etui. Das ist _____ Portemonnaie.

Übung 2 ( ) に定冠詞・人称代名詞を、下線部に形容詞を書き入れましょう。
Ergänzen Sie die bestimmten Artikel, die Pronomen und die Adjektive .

例 ○ Ist (*die*) Tasche groß? ● Nein, (*sie*) ist sehr __klein__.

(1) ○ Ist (   ) Laptop neu? ● Nein, (   ) ist schon _____.

(2) ○ Ist (   ) Portemonnaie praktisch? ● Nein, (   ) ist _____.

(3) ○ Sind (   ) Batterien billig? ● Nein, (   ) sind ziemlich _____.

(4) ○ Ist (   ) Jeans schön? ● Nein, (   ) ist total _____.

(5) ○ Ist (   ) Buch interessant? ● Nein, (   ) ist _____.

(6) ○ Sind (   ) Schuhe modern? ● Nein, (   ) sind total _____.

(7) ○ Ist (   ) Film gut? ● Nein, (   ) ist sehr _____.

Übung 3 Rudi Lehmann は何を持っていますか、何を持っていませんか？ 下線部に正しい冠詞を入れましょう。不要な場合は×を入れましょう。
Was hat Herr Lehmann? Was hat er nicht? Ergänzen Sie die Artikel. In manchen Fällen ist auch kein Artikel nötig. Dann schreiben Sie × .

Rudi Lehmann trägt _____ Brille und _____ Rucksack, aber _____ Hut. Er hat auch _____ Tasche und _____ Tablet. Aber er hat _____ iPhone und _____ Ohrhörer und hört damit Musik. Er hat _____ CDs. Er isst jetzt _____ Pommes frites. Er hat auch _____ Hund dabei.

---

ziemlich かなり   total 完全に、とても   s iPhone アイフォーン   damit それでもって

e Musik 音楽   pl. Pommes frites フライドポテト   r Hund 犬

dabei + haben (犬などを) 連れている (dabei | haben：分離動詞 → Lektion 6)

下線部に定冠詞・人称代名詞を書き入れましょう。

Ergänzen Sie die bestimmten Artikel und die Pronomen.

(1) ○ Wie findest du _____ Schirm?　　●Ich finde _____ langweilig.

(2) ○ Und wie findest du _____ Tasche?

　　● Na ja, ich finde _____ unmodern.

(3) ○ Kaufst du _____ Uhr?

　　● Nein, ich finde _____ zu teuer.

(4) ○ Magst du _____ Portemonnaie?　　● Ja, ich kaufe _____.

(5) ○ Wie findest du _____ Sonnenbrillen?

　　● Na ja, ich mag _____ nicht.

(6) ○ Magst du _____ Hut?

　　● Nein, ich finde _____ hässlich.

(7) ○ Wie findest du denn _____ Etui?　　● Ich finde _____ zu klein.

(8) ○ Kaufst du _____ Schuhe?

　　● Oh ja! Ich finde _____ sehr schön!

Übung 5　疑問文に対する答えを書きましょう。Schreiben Sie die Antworten.

(1) ○ Ist das ein Tablet?　　　　　● Nein, _____.

(2) ○ Hast du einen Hund?　　　　● Nein, _____.

(3) ○ Ist das deine Brille?　　　　● Nein, _____.

(4) ○ Sprichst du Chinesisch?　　● Nein, _____.

(5) ○ Isst du Fisch?　　　　　　　● Nein, _____.

(6) ○ Fährst du Auto?　　　　　　● Nein, _____.

(7) ○ Magst du die Jeans?　　　　● Nein, _____.

(8) ○ Kaufst du die Tasche?　　　● Nein, _____.

Übung 6　nicht, ein, kein の中から正しいものを選んで下線部に入れましょう。

Ergänzen Sie *nicht, ein, kein* in der richtigen Form.

(1) Ich habe _____ Laptop. Er ist neu.

(2) ○ Siehst du die Brille da?　　　　　● Nein, ich sehe sie _____.

(3) Das sind _____ Bleistifte. Das sind Kugelschreiber.

(4) Erik hat _____ Auto. Er fährt immer Fahrrad.

(5) ○ Ist das _____ Etui?　　　　● Doch, das ist _____ Etui.

(6) ○ Gibt es hier _____ Zeitungen?　● Nein leider _____.

(7) ○ Ist das dein Smartphone?

　　● Nein, das ist _____ mein Smartphone.

(8) ○ Brauchst du _____ Uhr?　　　● Nein, ich brauche _____ Uhr.

教科書 23 ページのイラストの単語を複数形の型によって分類しましょう。

Schreiben Sie die Pluralformen der Vokabeln auf Seite 23.

- / ̈	-e / ̈e	-er / ̈er	-n / -en	-s
				e CD → CDs

Übung 8　(a) 下線部に適切な語を入れましょう。 Tragen Sie die Artikel und Pronomen ein.

• Marion, 27 Jahre

Mein Lieblingsgegenstand ist _____ Tasche. _____ ist schwarz und sehr groß. _____ Tasche ist aus Leder und kostet 350 Euro. Ich finde _____ sehr schön und praktisch. _____ Tasche ist jetzt zwei Jahre alt. Ich benutze _____ jeden Tag.

> die　　die　　eine　　sie　　sie　　sie

• Sayaka, 19 Jahre

Ich habe _____ iPhone. _____ ist sehr leicht und hat viele Funktionen. Leider ist _____ auch sehr teuer. Ich habe _____ iPhone seit 3 Jahren. _____ ist nicht mehr ganz neu, aber ich benutze _____ sehr oft. Ich surfe im Internet, höre Musik, mache Fotos und schreibe E-Mails und LINE.

> das　　ein　　es　　es　　es　　es

• Jenny, 20 Jahre

Mein Lieblingsgegenstand ist _____ Teddybär. _____ ist 25 cm groß, braun und schon ein bisschen kaputt. _____ Teddy ist ein Geschenk von meiner Mama. Ich habe _____ seit 15 Jahren. _____ ist immer in meinem Bett. _____ Teddy ist total niedlich und ich liebe _____ sehr.

> der　　der　　ein　　er　　er　　ihn　　ihn

(b) あなたの大切な物は何ですか？

　Was ist Ihr Lieblingsgegenstand? Schreiben Sie einen kurzen Text.

_____

_____

_____

---

schwarz 黒い　　benutzen 使う　　*pl.* Funktionen → *e* Funktion 機能

im Internet surfen ネットサーフィンする　　*pl.* Fotos → *s* Foto 写真　　*r* Teddybär テディベア

braun 茶色の　　kaputt 壊れている　　*s* Geschenk プレゼント　　*s* Bett ベッド　　lieben 愛している

Lektion 4

Übung 1 反対の意味を持つ形容詞を書きましょう。Ergänzen Sie das Gegenteil.

(1) nett   ↔ _____   (2) interessant   ↔ _____

(3) freundlich   ↔ _____   (4) faul   ↔ _____

(5) lustig   ↔ _____   (6) intelligent   ↔ _____

(7) sportlich   ↔ _____   (8) sympathisch   ↔ _____

Übung 2 下線部に所有冠詞を書き入れましょう。Ergänzen Sie die Possessivartikel.

(1) ○ Ist das _____ Vater, Felix?   ● Nein, das ist nicht _____ Vater.

(2) ○ Sind das Marias Kinder?   ● Ja, das sind _____ Kinder.

(3) ○ Ist das _____ Schwester, Frau Bauer? ● Ja, das ist _____ Schwester.

(4) ○ Anna, Birgit, sind das _____ Eltern? ● Nein, das sind nicht _____ Eltern.

(5) ○ Ist das Toms Baby?   ● Ja, das ist _____ Baby.

(6) ○ Ist das Herr und Frau Kleins Tochter? ● Ja, das ist _____ Tochter.

Übung 3 下線部に所有冠詞を書き入れましょう。Ergänzen Sie die Possessivartikel.

Ich heiße Gerd Bauer. _____ Frau heißt Monika. Wir haben 2 Töchter und einen

Sohn. _____ Töchter heißen Ulrike und Susanne. _____ Sohn heißt Lukas.

Ulrike ist verheiratet und hat einen Sohn. _____ Sohn, also _____ Enkel, heißt

Felix. Er ist 2 Jahre alt.

Susanne studiert Jura in Aachen. Wir sehen _____ Tochter leider nicht so oft.

Lukas ist noch Schüler. _____ Hobby ist Manga lesen. Er hat einen Hund.

_____ Hund heißt Bello.

Am Wochenende treffe ich oft _____ Eltern. Sie sind schon alt, aber noch sehr aktiv.

_____ Hobby ist Wandern.

Übung 4 例のように答えてみましょう。Antworten Sie.

例 ○ Kennen Sie meinen Vater?   ● Nein, ich kenne Ihren Vater nicht.

(1) ○ Kennen Sie seine Mutter?   ● Nein, _____.

(2) ○ Kennst du meine Eltern?   ● Nein, _____.

(3) ○ Kennt ihr meine Schwester?   ● Nein, _____.

(4) ○ Kennt er deinen Bruder?   ● Nein, _____.

(5) ○ Kennst du ihre Kinder?   ● Nein, _____.

(6) ○ Kennst du mein Kind?   ● Nein, _____.

(7) ○ Kennen sie deine Geschwister?   ● Nein, _____.

(8) ○ Kennt sie euren Opa?   ● Nein, _____.

---

s Baby 赤ちゃん   kennen 知っている   wandern ワンダーフォーゲルをする（山歩きをする）
r Opa おじいちゃん

目的格をとる動詞に下線を引き、目的格を〇で囲み、３格か４格かその上に書きましょう。目的格が人称代名詞の場合や、２つある場合もあります。
Akkusativ oder Dativ? Markieren Sie die Verben und die Pronomen.

(1) ○ Wo ist denn mein Schlüssel?　　　　● Ich habe ihn.

(2) ○ Gefällt dir das Buch?　　　　● Ja, ich finde es sehr interessant.

(3) Ich danke Ihnen sehr.

(4) Gibst du mir bitte die Zeitung?

(5) ○ Mein Vater hat bald Geburtstag.　　● Was schenkst du ihm?

(6) Kommt unser Lehrer auch zur Party? Fragst du ihn bitte?

(7) Meine Oma wohnt in Hamburg. Ich besuche sie oft.

(8) Dein Bruder macht gerade seine Hausaufgaben. Hilfst du ihm bitte?

(9) Ich schreibe dir jeden Tag eine Mail. Warum antwortest du mir nicht?

(10) ○ Gehört die Tasche Ihnen?　　　　● Nein, das ist nicht meine Tasche.

Übung 5 の動詞を分類しましょう。Ordnen Sie die Verben aus Übung 5 zu.

4 格支配の動詞	3 格支配の動詞	3・4 格支配の動詞

下線部に人称代名詞を書き入れましょう。Ergänzen Sie die Pronomen.

(1) ○ Ach, ich habe so viel Arbeit!　　● Ich helfe _____ gern.

(2) ○ Wann besucht ihr _____ endlich?　● Vielleicht am Sonntag? Habt ihr Zeit?

(3) ○ Bitte schön, Karl. Dein Kaffee.　　● Ich danke _____!

(4) Haben Sie ein Problem? Dann fragen Sie _____ bitte.

(5) ○ Hier ist eine E-Mail von Frau Schulze.　● Gut. Ich antworte _____ sofort.

(6) ○ Ist das dein Tablet?　　　　● Nein, es gehört Stefan. Ich gebe es _____ .

(7) Ich suche Maria. Kennst du _____?

(8) ○ Kennst du Susi?　　　　● Ja, und ich finde _____ sehr nett.

e Party パーティー　　e Oma おばあちゃん　　e Arbeit 仕事　　endlich ようやく、もうそろそろ
vielleicht たぶん　　r Kaffee コーヒー　　s Problem 問題　　fragen 質問する　　sofort すぐに

Horst Bauer のプロフィールを埋めましょう。Füllen Sie das Formular aus.

Eksel AG
Programmierer
Horst Bauer

Privat: Eksel AG:
Münsterplatz 21 53111 Bonn   Landweg 15 53227 Bonn
0228-774685   0228-831490
horstib@gemail.com   hbauer@eksel.co.de

Mein Name ist Horst Bauer. Ich komme aus Linz. Das ist in Österreich. Aber jetzt wohne und arbeite ich in Deutschland, in Bonn. Ich bin 32 Jahre alt und verheiratet. Meine Frau ist Deutsche. Wir haben noch keine Kinder. Ich spreche natürlich Deutsch, aber auch gut Englisch und ein bisschen Russisch. Ich arbeite immer viel und habe nicht viel Zeit für Hobbys. Aber am Wochenende wandere ich gern oder mache Radtouren mit meiner Frau. Manchmal spielen wir auch Badminton. Außerdem fotografiere ich gern.

Gahoo.com – Profil

Familienname: _____

Vorname: _____

PLZ, Wohnort: _____

Straße, Hausnummer: _____

Land: _____

Telefonnummer: _____

E-Mail: _____

Beruf: _____

Firma: _____

Alter: _____

Familienstand: _____

Kinder: _____

Sprachen: _____

Hobbys: _____

---

r Programmierer プログラマー   privat プライベートな   *e* AG 株式会社
pl. Radtouren → *e* Radtour サイクリング   *s* Badminton バドミントン
außerdem そのうえ   fotografieren 写真を撮る   *s* Land 国／地方

Lektion 5

Übung 1 下線部に不定冠詞あるいは否定冠詞を、（　　）に単位や包装を表わす適切な語を入れましょう。不要な場合は×を入れましょう。

Ergänzen Sie die unbestimmten Artikel, die negativen Artikel und die Mengeneinheiten. In manchen Fällen ist auch kein Artikel nötig. Dann schreiben Sie × .

○ Also, Julia, ich gehe einkaufen. Was brauchen wir alles?

● Ah, Moment mal. Also, wir brauchen _____ (P　　) Eier, _____ (K　　)
　 Kartoffeln, _____ (G　　) Marmelade und _____ (F　　) Apfelsaft.

○ Wir brauchen _____ Saft. Wir haben noch _____ (F　　).

● Ach so. Aber wir haben _____ Kaffee mehr.

○ Gut, dann noch _____ (P　　) Kaffee. Und auch _____ (K　　) Bier.

● Und was kochen wir heute Abend? Essen wir _____ Pasta?

○ Klingt gut.

● Hm, wir haben noch _____ (P　　) Nudeln, aber _____ Tomaten.

○ OK. Dann noch _____ (D　　) Tomaten.

● Ach ja, und wir haben _____ Mineralwasser mehr.

○ _____ (F　　)? Oder lieber zwei?

● Kauf doch _____ (K　　) Wasser.

○ Okay. Dann bis später!

Übung 2 下線部に dieser と welcher を正しい形にして入れましょう。

Ergänzen Sie *dieser* und *welcher* in der richtigen Form.

(1) ○ _____ Hose trage ich denn zur Party? ● _____ hier. Die ist schön.

(2) ○ Ach, ich trage doch lieber einen Rock. _____ findest du besser?
　　● _____ hier. Der ist modern.

(3) ○ Und _____ T-Shirt gefällt dir? ● _____. Ich mag weiß.

(4) ○ Und _____ Schuhe trage ich dazu?
　　● _____ da. Die stehen dir gut.

(5) ○ Und _____ Schal findest du besser?
　　● _____ ist gut.

(6) ○ _____ Jacke trage ich?
　　● _____ da. Die ist sehr elegant.

(7) ○ Und _____ Gürtel?
　　● Na ja, das ist mir egal.

---

klingen（～のように）聞こえる／響く　　bis später またあとで　　r Schal マフラー／スカーフ
egal どうでもよい　　elegant エレガントな

e Bluse	pl. Stiefel	r Gürtel	pl. Schuhe	e Jacke
r Hut	pl. Turnschuhe	s Hemd	r Schal	e Krawatte
s Kleid	r Rock	e Hose	e Jeans	r Pullover
e Mütze				

Übung 4   下線部に人称代名詞を入れましょう。 Ergänzen Sie die Pronomen.

Die Verkäuferin sagt zu Patrik: „Die Hose passt
_____. Und sie steht _____.“

Sofia denkt: „Die Hose passt _____ und sie steht
_____. Deshalb gefällt sie _____ auch.“

Sofia sagt zu Patrik: „Die Hose passt _____ und
sie steht _____. Gefällt sie _____?“

Patrik denkt: „Die Hose passt _____. Sie gefällt
_____ und Sofia. Ich kaufe sie.“

Übung 5   下線部に色を表わす語を入れましょう。 Ergänzen Sie die Farben.

(1) Äpfel sind _____ oder _____.

(2) Bananen sind _____.

(3) Eier sind _____ oder _____.

(4) Kaffee ist _____.

(5) Heidelbeeren sind _____.

(6) Karotten sind _____.

(7) Auberginen sind _____.

pl. Heidelbeeren → e Heidelbeere ブルーベリー

14

それぞれの場面での会話になるように、順序を並び変えましょう。

Ordnen Sie die Dialoge.

Im Café

(　　) Dann nehme ich einen Apfelkuchen.

(　　) Wir haben heute leider keinen Käsekuchen.

(　　) Gerne. Mit Milch? Oder mit Zucker?

(1) Einen Kaffee, bitte.

(　　) Schwarz, bitte. Und ein Stück Käsekuchen.

Auf dem Markt

(　　) 4 Stück, bitte.

(1) Haben Sie Äpfel?

(　　) Gut, dann nehme ich 500 g.

(　　) Was kosten die Pilze?

(　　) Ja, hier. Wie viele möchten Sie?

(　　) 100 g kosten 32 Cent.

(　　) Sonst noch etwas?

In der Boutique

(　　) Haben Sie dieses Hemd auch in Weiß?

(　　) Und wie finden Sie dieses Hemd?

(　　) Beige gefällt mir nicht.

(　　) 54 Euro 90.

(　　) Nicht schlecht. Wie viel kostet das?

(1) Guten Tag. Kann ich Ihnen helfen?

(　　) Nein, tut mir leid. Nur in Beige.

r Apfelkuchen アップルケーキ　　r Zucker 砂糖　　e Boutique ブティック

s Beige ベージュ

Lektion 6

Übung 1 何時ですか？　数字で書いてみましょう。Schreiben Sie die Uhrzeiten in Zahlen.

例　zehn nach sieben ___7.10 Uhr___

(1) vier nach elf _____   (2) halb drei _____

(3) acht vor sieben _____   (4) Viertel nach neun _____

(5) zwei vor halb eins _____   (6) halb sechs _____

(7) fünf nach halb neun _____   (8) acht nach elf _____

(9) Viertel vor vier _____   (10) zehn vor zwölf _____

Übung 2 分離動詞に下線を引き、不定形を書きましょう。

Unterstreichen Sie die trennbaren Verben und schreiben Sie den Infinitiv.

(1) Herr Müller steht immer früh auf. _____

(2) Wann fährt der Zug ab? _____

(3) Fritz hat am Wochenende noch nichts vor. _____

(4) Frau Schneider sieht jeden Abend fern. _____

(5) Ich kaufe nicht so gern ein. _____

(6) Rufen Sie mich morgen an? _____

(7) Ich komme erst um 22.00 Uhr nach Hause zurück. _____

(8) Bringst du bitte Brot mit? _____

(9) Um wie viel Uhr schläfst du meistens ein? _____

(10) Wann fängt der Film an? _____

Übung 3 動詞を正しい形にして入れましょう。不要な場合は×を入れましょう。

Ergänzen Sie die Verben in der richtigen Form.

(1) Wann _____ du _____?   (aufstehen)

(2) _____ du die Aufgabe _____?   (verstehen)

(3) Der Zug _____ um 12.48 Uhr in München _____.   (ankommen)

(4) _____ du heute _____?   (mitkommen)

(5) Was _____ du zum Geburtstag _____?   (bekommen)

(6) _____ du gern Filme?   (sehen)

(7) Maria _____ jeden Abend _____.   (fernsehen)

(8) Wie lange _____ Sie meistens?   (schlafen)

(9) Peter _____ fast jeden Morgen _____.   (verschlafen)

(10) Das Kind _____ bald _____.   (einschlafen)

---

r Zug 列車　　mit | bringen 一緒に連れて行く　　an | fangen 始める　　*e* Aufgabe 課題、宿題
bekommen 得る、もらう　　wie lange どのくらい（の時間）　　fast ほとんど　　verschlafen 寝過ごす

あなたの一日について作文しましょう。Schreiben Sie Ihren Tagesablauf.

_____

_____

_____

Übung 5　例のように命令形を作りしょう。Bilden Sie den Imperativ.

例　Du stehst auf.　　→ Steh auf!

(1) Du gehst ins Bett.　　　　　　　→_____

(2) Ihr badet jetzt.　　　　　　　　→_____

(3) Sie schreiben mir bitte eine E-Mail.　→_____

(4) Du isst jetzt zu Mittag.　　　　　→_____

(5) Sie rufen Ihre Eltern an.　　　　→_____

(6) Du räumst die Wohnung auf.　　　→_____

(7) Sie sind morgen bitte pünktlich.　→_____

(8) Ihr kommt um 21.30 Uhr nach Hause zurück.

　　　　　　　　　　　　　　　　→_____

Übung 6　下線部に am, um, im, von, bis の中から正しいものを選んで書き入れましょう。
　　　　Ergänzen Sie *am*, *um*, *im*, *von*, *bis*.

(1) _____ Samstag ist die Party bei Tobias. Sie beginnt _____ 19.00 Uhr.

(2) Katrin hat _____ 14. August Geburtstag.

(3) _____ Wochenende jobbe ich immer _____ 15.00 Uhr _____ 18.00 Uhr.

(4) _____ Vormittag bin ich in der Uni.

(5) _____ Juni sind wir in Spanien.

(6) _____ Montag _____ Mittwoch habe ich frei.

Übung 7　教科書 52 ページ Übung 8 の Katrin のメールに返信しましょう。
　　　　Schreiben Sie eine Antwort auf die Mail von Katrin im Kursbuch auf Seite 52.

am Freitag: bis 17.00 Uhr arbeiten – bitte ein Taxi nehmen!

am Abend: was machen?

am Samstag: zusammen ins Konzert gehen – einen Freund mitbringen

Liebe Katrin,
ich freue mich schon! ....

....

....

Oliver

pünktlich 時間どおりの　　beginnen 始まる、始める　　*r* August 8月　　*s* Taxi タクシー

Christian のスケジュールを読んで下の文章で間違っている箇所を直しましょう。間違いは全部で9つあります。

Lesen Sie den Terminkalender und den Text. Es gibt noch 9 Fehler.

Texol AG: Termine: Christian Jenken

Montag	9.00 – 16.45: Seminar „Computer-Programming" 19.15: Fußballspiel „Deutschland-Japan"
Dienstag	12.00: Mittagessen mit Frau Schubert von der Firma „Eco & Co" 18.30 – 20.00: Volleyball-Training
Mittwoch	Martins Geburtstag! 14.00: Video-Konferenz 19.15: Restaurant „Napoli" (Julia ♥)
Donnerstag	9.00 – 17.00: Büro (10.30: Präsentation) 19.00 – 20.30: Chinesisch-Kurs
Freitag	Arbeit frei! 20.00: Party bei Martin
Samstag / Sonntag	Salzburg! (Hotel „Mozart")

Christian

Mein Name ist ~~Christoph~~ Jenken. Ich bin Angestellter bei der Firma „Texol AG". Diese Woche habe ich viele Termine.

Am Montag nehme ich an einem Seminar für „Computer-Programming" teil, von neun Uhr bis Viertel nach vier. Und am Abend spiele ich Fußball.

Am Dienstag esse ich mit Herrn Schubert zu Mittag. Abends habe ich von halb sieben bis zwölf Uhr Volleyball-Training.

Am Mittwochvormittag habe ich eine Video-Konferenz. Die Konferenz beginnt um zwei Uhr. Am Abend gehe ich mit Julia essen.

Am Donnerstag bin ich am Vormittag und am Nachmittag im Büro. Um halb zehn habe ich eine Präsentation. Aber am Abend habe ich noch nichts vor.

Am Freitag arbeite ich nicht. Abends gehe ich zur Party bei Martin. Er hat am Freitag Geburtstag.

Und am Wochenende bin ich die ganze Zeit zu Hause.

---

pl. Termine → *r* Termin 約束、アポイントメント   *s* Training トレーニング   *e* Konferenz 会議
s Büro オフィス   *e* Präsentation プレゼンテーション

Lektion 7

Übung 1 （　　）の中の助動詞を使って文を書き換えましょう。Schreiben Sie die Sätze um.

例 Ich sehe einen Film. (möchte)　　　→ <u>Ich möchte einen Film sehen.</u>

(1) Spricht Rosa gut Deutsch? (können)　→ _____

(2) Maria sieht einen Film. (wollen)　　→ _____

(3) Was isst du jetzt? (möchte)　　　　→ _____

(4) Er trägt eine Bademütze. (müssen)　→ _____

(5) Du rauchst hier nicht. (dürfen)　　→ _____

(6) Du bist leise. (sollen)　　　　　　→ _____

(7) Ich mache die Tür zu. (sollen)　　→ _____

(8) Sie bekommen hier Informationen. (können) → _____

(9) Ich hebe Geld ab. (müssen)　　　　→ _____

Übung 2 次の単語を使って文を作りましょう。Schreiben Sie die Sätze richtig.

(1) was / wir / jetzt / machen / wollen / ?　_____

(2) ich / nicht / schwimmen / können / .　_____

(3) Peter / heute / einkaufen / müssen / .　_____

(4) ich / dir / helfen / sollen / ?　_____

(5) du / morgen / arbeiten / müssen / ?　_____

(6) ihr / nicht / fernsehen / dürfen / .　_____

(7) du / ein Eis / essen / möchte / ?　_____

(8) man / hier / parken / dürfen / ?　_____

Übung 3 下線部に können, müssen, dürfen, wollen, möchte, sollen を適切な形にして入れましょう。Tragen Sie das passende Modalverb in der richtigen Form ein.

(1) ○ Mama, _____ wir schon schwimmen?

　　● Ja, aber ihr _____ zuerst duschen.

(2) ○ Mama, ich _____ jetzt ein Eis essen.

　　● Moment, Papa _____ erst Geld abheben.

(3) ○ Entschuldigung, _____ wir hier Yoga machen?

　　● Ja, Sie _____ hier Yoga und Muskeltraining machen oder Hip-Hop tanzen.

(4) ○ _____ du 5 Minuten warten? Ich _____ jetzt auf Toilette gehen.

　　● Ja, ich warte hier.

(5) ○ Was _____ ich denn jetzt machen? Mir ist so langweilig.

　　● Du _____ ja ins Einkaufszentrum gehen.

e Bademütze 水泳帽

19

表を完成させましょう。Ergänzen Sie die Tabelle.

Die Mutter sagt:	Tom denkt:
Trink nicht so viel Cola!	Ich soll nicht so viel Cola trinken.
	Ich soll nicht so viele Manga lesen.
Mach das Handy aus!	
Der Vater sagt:	**Elena und Tina denken:**
	Wir sollen nicht so laut sein.
Kauft bitte Mineralwasser und Milch!	
Der Chef sagt:	**Frau Koller denkt:**
Schreiben Sie bitte die Rechnungen!	
	Ich soll Firma ABC anrufen.

Übung 5 あなた、あなたのお父さん、お母さん、きょうだい、友だちは何ができますか、何をしたいですか、何をしなければなりませんか？

Was können/wollen/müssen Sie (nicht) machen? Was Ihre Eltern? Was Ihre Geschwister? Was Ihre Freunde? Schreiben Sie Sätze.

例 Mein Vater muss jeden Tag sehr früh aufstehen.

(1) _____

(2) _____

(3) _____

(4) _____

(5) _____

Übung 6 何階のどこに行けばいいでしょう？　下線部に書き入れましょう。

Lesen Sie die Aufgaben (1)-(8). In welche Etage müssen Sie gehen?

4.Etage	World-Plaza (Bücher & Filme auf Englisch, Französisch, Spanisch) Outdoor-Shop „Alpino" (Camping / Wandern / Wintersport) Manga-Café „Red Planet" Sushi-Bar „Tokyo" Karaoke-Bar „Sound"

aus|machen 消す、スイッチを切る　　*pl.* Rechnungen → *e* Rechnung 請求書　　*r* Shop 店

s Camping キャンプ　　*r* Wintersport ウィンターズポーツ　　*e* Bar バー

3.Etage	Boutique „Fun Kids"(Kinderkleidung) Baby-World (Kleidung / Spielzeug) Game-Center „Pokeland"
2.Etage	Boutique „Dandy" (Herrenmode) Techno-Markt (Computer / Audio / CDs / DVDs / Computerspiele) Buchhandlung „Libro"
1.Etage	Boutique „Scarlet" (Damenmode) Drogerie „Beauty" Sportgeschäft „Elfmeter" (Kleidung / Ausrüstung)
Erdgeschoss	Pizzeria „Alfonso" Eiscafé „Gelato" Bank, Information, Toiletten
Untergeschoss	Supermarkt „Edeka" Getränkemarkt „Weber" (Alkohol / Saft / Limonade) Konditorei & Bäckerei „Knoll"

例 Sie müssen Geld abheben.   _Erdgeschoss: Bank_

(1) Sie haben Hunger und wollen etwas essen. Sie mögen keinen Fisch.

_____

(2) Sie treffen Freunde. Sie mögen Musik und singen gern. _____

(3) Ihr Mann braucht eine neue Hose.   _____

(4) Sie suchen ein Geschenk für Ihre Nichte. Sie ist 2 Jahre alt.

_____

(5) Sie machen am Wochenende eine Party und müssen Bier kaufen.

_____

(6) Sie wollen mit Ihrem Großvater einen Kaffee trinken. _____

(7) Sie suchen ein Geschenk für Ihren Freund Enrike aus Madrid. Er liest gern,
    aber kann nicht gut Deutsch.   _____

(8) Sie wollen joggen und brauchen Schuhe.   _____

---

e Kinderkleidung 子供服   *s* Spielzeug おもちゃ   *e* Herrenmode メンズファッション
pl. Computerspiele → *s* Computerspiel コンピューターゲーム
e Damenmode レディースファッション   *e* Drogerie ドラッグストア
s Sportgeschäft スポーツ用品店   *e* Ausrüstung 装備品   *e* Pizzeria ピザ屋
r Getränkemarkt 飲料品販売店   *r* Alkohol アルコール   *e* Limonade レモネード
e Konditorei ケーキ屋   *e* Bäckerei パン屋

Lektion 8

下の名詞を男性名詞、女性名詞、中性名詞に分けましょう。

Tragen Sie die Wörter in die Tabelle ein.

der	die	das

Bahnhof   Restaurant   Supermarkt   Bäckerei   Café   Apotheke

Post   Bank   Kaufhaus   Mensa   Universität   Arzt

Bibliothek   Friseur   Kino   Schwimmbad   Buchhandlung

Kiosk   Park   Drogerie

Übung 2   正しい前置詞と定冠詞を入れましょう。

Ergänzen Sie die Präpositionen und die bestimmten Artikel.

Wo sind Sie?   Wohin gehen Sie?

(1) _____ Kino.   _____ Kino.

(2) _____ Kiosk.   _____ Kiosk.

(3) _____ Post.   _____ Post.

(4) _____ Arzt.   _____ Arzt.

(5) _____ Park.   _____ Park.

(6) _____ Drogerie.   _____ Drogerie.

Übung 3   下線部に適切な前置詞と定冠詞（または融合形）を書き入れましょう。

Ergänzen Sie die Präpositionen und die bestimmten Artikel.

(1) ○ Wohin gehst du jetzt?

● Ich fahre jetzt _____ _____ Stadt. Ich muss zuerst _____ Apotheke gehen und dann möchte ich _____ Supermarkt einkaufen.

(2) ○ Gehen wir jetzt _____ Café?

● Gern. _____ Café möchte ich einen Cappuccino trinken.

(3) ○ Ich möchte eine Zeitung kaufen. Wo kann ich die kaufen?

● _____ Kiosk oder _____ _____ Buchhandlung.

_r_ Cappuccino カプチーノ

(4) ○ Geh jetzt bitte _____ _____ Bäckerei und kauf Brot.

   ● OK. Ich gehe dann auch _____ _____ Supermarkt und kaufe Milch.

(5) ○ Essen wir heute Abend _____ Restaurant?

   ● Gute Idee.

(6) ○ Ich gehe jetzt _____ Bahnhof und kaufe eine Monatskarte.

   ● Kannst du bitte danach _____ Bank gehen und Geld abheben?

Übung 4 前置詞を書き入れましょう。Schreiben Sie die Präpositionen ein.

Übung 5 教科書 63 ページのイラストを見ながら、下線部に正しい前置詞と定冠詞 (または融合形) を入れましょう。

Sehen Sie sich Seite 63 an. Ergänzen Sie die Präpositionen und den bestimmten Artikel.

(1) Die Bushaltestelle ist _____ _____ Bank.

(2) Die Kirche ist _____ Marktplatz.

(3) Das Restaurant ist _____ _____ Café und _____ Bäckerei.

(4) Das Kino ist _____ _____ Café.

(5) Das Kaufhaus ist _____ _____ Supermarkt.

(6) Der Brunnen ist _____ _____ Marktplatz.

(7) Das Taxi ist _____ _____ Bahnhof.

(8) Die Apotheke ist _____ _____ Kreuzung.

---

e Monatskarte 1 カ月用の定期券　danach そのあとで

道案内をしましょう。Schreiben Sie die Wegbeschreibungen.

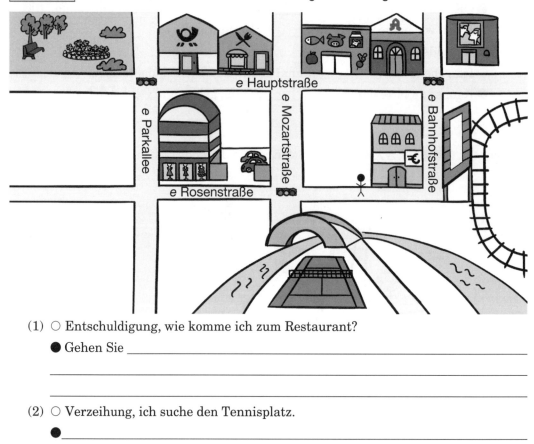

(1) ○ Entschuldigung, wie komme ich zum Restaurant?

● Gehen Sie _____

_____

_____

(2) ○ Verzeihung, ich suche den Tennisplatz.

● _____

_____

_____

Übung 7 　次の人物はどこにいるでしょう？ Wo sind die Personen?

例　Ich nehme einen Hamburger mit Pommes frites. 　　Im Restaurant. / Im Imbiss.

(1) Ich suche das Mineralwasser. 　　　　　　　　　　_____

(2) Zwei Karten für „Harry Potter", bitte. 　　　　　　_____

(3) Ich möchte einen Tee und ein Stück Erdbeerkuchen. _____

(4) Eine Fahrkarte nach Frankfurt, bitte. 　　　　　　_____

(5) Ich brauche zehn Briefmarken zu 80 Cent. 　　　　_____

(6) Haben Sie ein Medikament gegen Kopfschmerzen? 　_____

(7) Ich möchte Geld abheben. 　　　　　　　　　　　_____

(8) Bitte ein Kilo Tomaten und zwei Gurken. 　　　　　_____

(9) Drei Croissants und ein Weißbrot, bitte. 　　　　　_____

---

pl. Karten → *e* Karte チケット　　*r* Erdbeerkuchen いちごケーキ　　*e* Fahrkarte 乗車券

pl. Kopfschmerzen 頭痛　　*pl.* Croissants → *s* Croissant クロワッサン　　*s* Weißbrot 白パン

Lektion 9

Übung 1 過去分詞を書きましょう。（　　）の中に sein をとるか haben をとるか書き入れましょう。Ergänzen Sie die Partizipien und die Hilfsverben.

例　spielen　　＿＿＿gespielt＿＿＿　　　　　（　　haben　　）

(1) gehen　　　＿＿＿＿＿＿＿＿＿　　　　　（　　　　　）

(2) kaufen　　＿＿＿＿＿＿＿＿＿　　　　　（　　　　　）

(3) fahren　　＿＿＿＿＿＿＿＿＿　　　　　（　　　　　）

(4) studieren　＿＿＿＿＿＿＿＿＿　　　　　（　　　　　）

(5) sehen　　　＿＿＿＿＿＿＿＿＿　　　　　（　　　　　）

(6) trinken　　＿＿＿＿＿＿＿＿＿　　　　　（　　　　　）

Übung 2 分離動詞か非分離動詞かに✓をつけ、過去分詞を書きましょう。（　　）の中に sein をとるか haben をとるか書き入れましょう。
Trennbares Verb oder untrennbares Verb? Kreuzen Sie an. Ergänzen Sie dann die Partizipien und die Hilfsverben.

	分離	非分離	過去分詞		
(1) verstehen	☐	☐	＿＿＿＿＿＿＿＿	（	）
(2) aufstehen	☐	☐	＿＿＿＿＿＿＿＿	（	）
(3) mitbringen	☐	☐	＿＿＿＿＿＿＿＿	（	）
(4) verbringen	☐	☐	＿＿＿＿＿＿＿＿	（	）
(5) gehören	☐	☐	＿＿＿＿＿＿＿＿	（	）
(6) zuhören	☐	☐	＿＿＿＿＿＿＿＿	（	）
(7) ankommen	☐	☐	＿＿＿＿＿＿＿＿	（	）
(8) bekommen	☐	☐	＿＿＿＿＿＿＿＿	（	）

Übung 3 正しい方に✓をつけましょう。Kreuzen Sie an.

	ist	hat	
(1) Sie	☐	☐	zum Arzt gegangen.
(2) Er	☐	☐	um 22.00 Uhr eingeschlafen.
(3) Sie	☐	☐	nur 5 Stunden geschlafen.
(4) Er	☐	☐	Japanisch gelernt.
(5) Sie	☐	☐	Zeitung gelesen.
(6) Sie	☐	☐	nicht pünktlich gekommen.
(7) Er	☐	☐	in die Stadt gefahren.
(8) Sie	☐	☐	den ganzen Abend ferngesehen.

verbringen 過ごす　　zu|hören 傾聴する

例のように疑問文を作りましょう。Schreiben Sie die Fragesätze.

例　○ Hast du Maria schon geschrieben?　● Ich will Maria nicht schreiben.

(1) ○＿＿＿＿＿＿＿＿＿＿＿＿＿＿＿＿　● Ich will nicht frühstücken.

(2) ○＿＿＿＿＿＿＿＿＿＿＿＿＿＿＿＿　● Ich will noch nicht aufstehen.

(3) ○＿＿＿＿＿＿＿＿＿＿＿＿＿＿＿＿　● Ich will die Hausaufgaben nicht machen.

(4) ○＿＿＿＿＿＿＿＿＿＿＿＿＿＿＿＿　● Ich will das Buch nicht lesen.

(5) ○＿＿＿＿＿＿＿＿＿＿＿＿＿＿＿＿　● Ich will meine Hände nicht waschen.

(6) ○＿＿＿＿＿＿＿＿＿＿＿＿＿＿＿＿　● Ich will nicht zum Zahnarzt gehen.

Übung 5　下線部に sein か haben を正しい形にして書き入れましょう。
　　　　Ergänzen Sie *haben* und *sein* in der richtigen Form.

(1) Die Kinder denken: „Früher ＿＿＿＿＿ unsere Eltern lustig und ＿＿＿＿＿ viel Zeit.
　　　　　　　　　　　Heute ＿＿＿＿＿ sie immer ernst und ＿＿＿＿＿ nie Zeit."

(2) Die Kinder sagen: „Früher ＿＿＿＿＿ ihr immer lustig und ＿＿＿＿＿ viel Zeit.
　　　　　　　　　　　Heute ＿＿＿＿＿ ihr immer ernst und ＿＿＿＿＿ nie Zeit."

(3) Die Mutter denkt: „Früher ＿＿＿＿＿ ich mit Karl oft im Kino und ＿＿＿＿＿ viel Spaß.
　　　　　　　　　　　Heute ＿＿＿＿＿ ich immer zu Hause und ＿＿＿＿＿ selten Spaß."

(4) Die Mutter sagt: „Früher ＿＿＿＿＿ wir oft im Kino und ＿＿＿＿＿ viel Spaß.
　　　　　　　　　　　Heute ＿＿＿＿＿ wir immer zu Hause und ＿＿＿＿＿ selten Spaß."

(5) Der Vater denkt: „Früher ＿＿＿＿＿ Gerda viele Hobbys und ＿＿＿＿＿ aktiv.
　　　　　　　　　　　Heute ＿＿＿＿＿ sie keine Hobbys und ＿＿＿＿＿ faul."

(6) Der Vater sagt: „Früher ＿＿＿＿＿ du viele Hobbys und ＿＿＿＿＿ aktiv.
　　　　　　　　　　　Heute ＿＿＿＿＿ du keine Hobbys und ＿＿＿＿＿ faul."

Übung 6　先週の土曜日の出来事として書き換えましょう。
　　　　Schreiben Sie den Text in der Vergangenheit.

Am Samstag bin ich sehr beschäftigt. Erst fahre ich zum Supermarkt und kaufe ein. Danach treffe ich meine Mutter im Café und wir essen zusammen zu Mittag. Von 14.00 Uhr bis 16.00 Uhr mache ich im Fitnessstudio Yoga und habe danach einen Termin beim Friseur. Um 17.30 Uhr bin ich dann wieder zu Hause. Am Montag habe ich eine Prüfung. Deshalb lerne ich den ganzen Abend. Na ja, natürlich rufe ich meinen Freund an und schreibe ein paar SMS. Um 1.00 Uhr gehe ich dann ins Bett.

＿＿
＿＿
＿＿
＿＿

beschäftigt 忙しい　ein paar 2・3の、いくつかの　*e/pl.* SMS (携帯電話で送受信される)メッセージ

Übung 7 | Nina Bergmann の履歴書を読んで、下の文章を完成させましょう。また、下の文章を読んで、履歴書の空欄を補いましょう。Ergänzen Sie die Angaben.

Lebenslauf

Familienname: _____

Vorname: Nina

Geburtsdatum: 23.07.1975

Geburtsort: _____

1981 – 1999: die Schule besuchen

Februar 2000: nach Deutschland kommen / _____

Oktober 2001: ein Medizin-Studium in Marburg beginnen /

_____

März 2007: das Studium abschließen

Mai 2008: _____

bis Ende 2009: _____

November 2010: Tochter bekommen

Juni 2012: nach Leipzig umziehen / _____

seit 2016: im St. Elisabeth Krankenhaus in Leipzig arbeiten

Hallo! Ich heiße Nina Bergmann und bin am 23.07.1975 in Sankt Petersburg, in Russland, geboren. Dort habe ich von 1981 bis 1999 die Schule besucht. Im Februar 2000 (1)_____ und habe einen Deutsch-Kurs am Goethe-Institut gemacht. Und im Oktober 2001 (2)_____. Dort habe ich auch Hans kennengelernt. Im März 2007 (3)_____ und bis Ende 2009 an der Uni-Klinik in Marburg gearbeitet. Hans und ich haben im Mai 2008 geheiratet. Im November 2010 (4)_____. Hans hat 2012 einen Job bei DHL in Leipzig gefunden. Deshalb (5)_____ und haben dort ein Haus gekauft. Jetzt geht unsere Tochter schon in die Schule und seit 2016 arbeite ich im St.Elisabeth-Krankenhaus in Leipzig.

---

r Lebenslauf 履歴書   s Geburtsdatum 生年月日   s Studium 大学での勉強
ab | schließen 終える   s Ende 終わり   um | ziehen 引っ越す   s Krankenhaus 病院
s Russland ロシア   geboren 生まれた
s Goethe-Institute ゲーテ・インスティトゥート（ドイツ文化センター）   kennen | lernen 知り合う
e Klinik（専門）病院   r Job アルバイト

Lektion 10

Übung 1 　教科書 79 ページのイラストにある国や町、海や森を行き先に用いる前置詞ごとに分
　　類してみましょう。Ordnen Sie die Orte auf Seite 79 den Präpositionen zu.

nach +無冠詞	in + 4格	an + 4格
nach Frankreich	in den Schwarzwald	an die Nordsee

Übung 2 　教科書 79 ページのイラストにある国や町、海や森を場所を表わす前置詞によって分
　　類してみましょう。Ordnen Sie die Orte auf Seite 79 den Präpositionen zu.

in +無冠詞	in + 3格	an + 3格
in Frankreich	im Schwarzwald	an der Nordsee

Übung 3 　次の地名は地図上の何番ですか？　またそれぞれの観光の目玉は何でしょう？　番号
　　と地名、観光内容を線で結びましょう。Wo sind die Orte auf der Landkarte? Und
　　was kann man dort machen? Verbinden Sie.

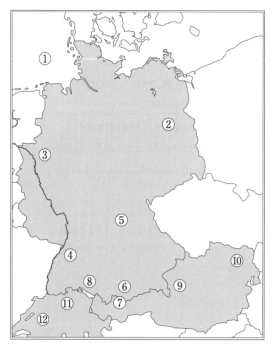

( ) Wien   · Schloss Neuschwanstein besichtigen

( ) Berlin   · die Altstadt anschauen

( ) die Alpen   · Mozarts Geburtshaus besichtigen

( ) der Schwarzwald   · Wintersport machen

( ) die Nordsee   · die Wienersängerknaben hören

( ) der Bodensee   · auf den Weihnachtsmarkt gehen

( ) Füssen   · wandern

( ) der Rhein   · das Großmünster besichtigen

( ) Nürnberg   · segeln

( ) Salzburg   · windsurfen

( ) Bern   · mit dem Schiff fahren

( ) Zürich   · die Überreste der Mauer anschauen

Übung 4 （a）下線部に適切な前置詞と冠詞を書き入れましょう。

Ergänzen Sie die Präpositionen und die Artikel.

○ Wo wart ihr in den Ferien? Seid ihr gereist?

● Ja, vier Tage _____ Norddeutschland, _____ Meer. Und dann war ich noch 2 Tage bei Freunden _____ Hamburg.

○ Bist du allein gefahren?

● Nein, mit Alexander, meinem Bruder.

△ Ich bin _____ Schweiz gefahren. Da bin ich Snowboard gefahren. Das mache ich jedes Jahr.

▲ _____ Schweiz Snowboard fahren? Toll! Ich habe meine Eltern _____ Schwarzwald besucht.

□ Ich war auch _____ Bergen. _____ Österreich, _____ Innsbruck. Wir haben dort ein Ferienhaus gemietet.

■ Ich bin mit meinem Freund _____ Paris geflogen. Letztes Jahr waren wir auch _____ Frankreich und es hat uns dort gut gefallen.

（b）Übung 3 を参考にして例のように作文しましょう。

Schreiben Sie Sätze mit den Vokabeln aus Übung 3.

例 Im Dezember fahre ich mit dem Zug nach Wien. In Wien will ich die Wienersängerknaben hören.

(1) _____

(2) _____

(3) _____

(4) _____

---

e Altstadt 旧市街地区   s Ferienhaus（休暇用の）別荘   mieten 賃借りする   letztes Jahr 昨年に

下線部に季節あるいは月を表わす語を、（　　）に天気表現を入れましょう。
Ergänzen Sie die Wörter.

Im Januar und Februar ist es draußen noch sehr (　　　　　　). Die Tage sind kurz, die Nächte sind lang.

Der ＿＿＿＿＿＿＿ beginnt im März. Dann steigen die Temperaturen und es wird langsam wieder (　　　　　). Am Tag scheint schon oft die Sonne, aber es ist auch häufig (　　　　) und manchmal schneit es noch.

Von Juni bis ＿＿＿＿＿＿ ist Sommer. Am Tag kann es (　　　　) werden. Die Temperaturen steigen manchmal über 30 Grad. Dann gibt es abends oft (　　　　　) und es (　　　　　) plötzlich sehr stark.

Ab Mitte September bis November haben wir ＿＿＿＿＿＿＿. Die Blätter werden langsam rot oder braun. Dann ist es draußen kühl und (　　　　). Es regnet und früh morgens gibt es oft (　　　　　).

Der November und ＿＿＿＿＿＿ sind die letzten Monate des Jahres. Dann ist es besonders kalt und in Süddeutschland kann es sehr viel (　　　　　). Auf den Straßen liegt oft Glatteis.

> Gewitter　　Nebel　　kalt　　bewölkt　　windig　　warm　　heiß
>
> regnen　　schneien　　August　　Dezember　　Frühling　　Herbst

(a) 次の広告を読んで、（　　）にタイトルを選んで入れましょう。Lesen Sie die Anzeigen und ordnen Sie die Überschriften zu.

(1) Urlaub wie zu Hause!　　　　　(2) Wellness-Tage im Schwarzwald

(3) Sprachferien in der Provence　　(4) Städtereise mit Flair

(5) Sommer, Sonne, Spaß! Aktiv-Urlaub auf Ibiza

A

(　　　　　　　　　)
Sie lieben Frankreich, die Sprache und die Kultur?
Dann kommen Sie mit uns! Eine Woche Lernen und Spaß!
- Vormittags: Sprachunterricht von 9.00-12.00
- Nachmittags: Ausflüge, Konzert- und Museumsbesuche, Work-Shops
Mehr Informationen finden Sie online.

---

draußen 外で　　*pl.* Nächte → *e* Nacht 夜　　steigen 登る、（気温が）上がる

pl. Temperaturen → *e* Temperatur 温度、気温　　*e* Sonne 太陽　　häufig たびたびの

e Mitte 中ごろ　　*pl.* Blätter → *s* Blatt 葉　　*s* Glatteis 路面の凍結

e Wellness ウェルネス、健康良好　　*s* Flair 独特の雰囲気　　*e* Kultur 文化

pl. Ausflüge → *r* Ausflug ハイキング、遠足　　online オンラインの

B

( ) Ferienhäuser an der Ostsee

Ferienhäuser mit 2 oder 3 Schlafzimmern für 4-6 Personen.
Große Küche, Garten, Mikrowelle, Herd, Waschmaschine, Fernseher, DVD-Player. Nur 10
Minuten zu Fuß zum Strand, 15 Minuten ins Stadtzentrum. Supermarkt, Imbiss, Spielplatz,
Fahrradverleih in der Nähe. Nur 650 Euro pro Woche!

C

Wien Highlights: ( )
Verbringen Sie mit uns 4 Tage in der
Hauptstadt Österreichs:
Besuch der Staatsoper, Schloss Schönbrunn,
Hofburg, Prater, Stephansdom, Wiener
Philharmoniker, Belvedere Museum,
Schifffahrt auf der Donau und mehr.
Sie fahren in bequemen Reisebussen.
Unterbringung in Vier-Sterne-Hotels.

D

( )
im Klubhotel „Mediterrane"
- direkt am 2 km langen
  Sandstrand
- Swimmingpool, Disco
  Fitnessstudio, Tennisplätze
- Kursangebote: Tauchen,
  Segeln, Surfen, Tennis, Yoga,
  Tanzen (Salsa, Tango)

E

( )
Stress im Alltag? Kommen Sie ins Wellness-Hotel „Waldheim"!
Gehen Sie im Wald spazieren, wandern Sie am See und genießen Sie die
wunderschöne Natur!
Unser Spa-Bereich wartet auf Sie: Sauna, Massagen, Schwimmbad, Sonnenterrasse
Im Gourmet-Restaurant kocht Star-Koch Jürgen Franke für Sie!

---

s/pl. Schlafzimmer 寝室　　*e* Küche キッチン　　*r* Garten 庭　　*e* Mikrowelle 電子レンジ

r Herd レンジ　　*r* Strand 浜辺　　*s* Stadtzentrum 町の中心部　　*r* Spielplatz（児童）公園

r Fahrradverleih レンタサイクル　　pro Woche 週あたり　　*e* Hauptstadt 首都

e Staatsoper 国立歌劇場　　*s* Schloss Schönbrunn シェーンブルン宮殿

e Hofburg（ウィーン）王宮　　*r* Prater プラーター（遊園地があるウィーンの公園）

r Stephansdom シュテファン大聖堂

pl. Wiener Philharmoniker ウィーン・フィルハーモニー管弦楽団

s Belvedere Museum オーストリア・ギャラリー（ベレヴェデーレ宮殿にある美術館）

e Schifffahrt auf der Donau ドナウ川クルーズ　　bequem 便利な

pl. Reisebusse → *r* Reisebus 観光バス　　*e* Unterbringung 宿泊　　*r* Sandstrand 砂浜

e Disco ディスコ　　*pl.* Kursangebote → *s* Kursangebot コースの提案　　*s* Segeln ヨット

s Surfen サーフィン　　*r* Stress ストレス　　*r* Alltag 日常　　genießen 楽しむ

wunderschön すばらしく美しい　　*e* Natur 自然　　*r* Spa-Bereich スパ部門（*r* Bereich 分野、領域）

e Sauna サウナ　　*pl.* Massagen → *e* Massage マッサージ　　*e* Sonnenterasse 陽のあたるテラス

s Gourmet-Restaurant グルメレストラン

(b) 次の人物の希望に合うプランを選びましょう。合うプランがない場合は×をつけましょう。

Welche Anzeige passt? Ordnen Sie zu. Für eine Situation gibt es keine passende Anzeige.
Schreiben Sie × .

(1) Herr und Frau Müller müssen immer viel arbeiten. Sie wollen am Wochenende
relaxen und gut essen.   Anzeige: _____

(2) Herr Fischer möchte im Urlaub Sport machen. Er mag Sonne und Meer.

Anzeige: _____

(3) Herr und Frau Bauer haben drei Kinder. Sie wollen möglichst billig Urlaub
machen.   Anzeige: _____

(4) Herr und Frau Lehmann mögen Kultur und gehen gern in Museen. Sie wollen
im Urlaub viel sehen und erleben.   Anzeige: _____

(5) Herr und Frau Petersen mögen Natur und Outdoor-Aktivitäten. Sie haben nicht
viel Geld.   Anzeige: _____

(6) Frau Hötger möchte Französisch lernen. Sie will auch das Land und die Kultur
kennenlernen.   Anzeige: _____

relaxen リラックスする　　　e Anzeige 広告　　　möglichst できるかぎり　　　erleben 体験する

Spiel の使い方　Spielerklärungen

BINGO

Spiel ① Lektion 7　話法の助動詞のアクティビティ

各マスで指定されている表現と話法の助動詞を使って、例のようにクラスメートに質問をします。
Ja と答えた人の名前をそのマスに書き込み、縦横斜めで BINGO を目指します。

Stellen Sie Ihren Klassenkameraden Fragen wie im Beispiel und notieren Sie die Namen der
Personen, die mit Ja antworten. Wer findet zuerst vier Personen?

A/B コピー

Spiel ② Lektion 2　不規則変化動詞のアクティビティ
Spiel ③ Lektion 6　分離動詞のアクティビティ
Spiel ④ Lektion 8　前置詞のアクティビティ

2 人ペアになり、それぞれ A、B どちらか一方を持ちます。A に書かれている情報は B にはなく、
B に書かれている情報は A にはないので、お互いに欠けている情報を尋ねあって、空欄を埋め
ます。
つづりがわからない場合には „Buchstabier das bitte!"（スペルを言ってください）と言いましょう。

Bilden Sie Paare. Ein Teilnehmer (TN) erhält Kopiervorlage A, der andere Kopiervorlage B. Die
TN fragen sich gegenseitig nach den fehlenden Informationen auf ihrer Vorlage und notieren
diese auf ihrer Seite. Falls ein Wort nicht verstanden wird oder die Orthographie unklar ist,
kann mit „Buchstabier das bitte!" nachgefragt werden.

Spiel ① BINGO

○ Kannst du gut Auto fahren?
● Ja, ich kann sehr gut Auto fahren.

gut Sport machen (können) Name:	früh nach Hause gehen (wollen) Name:	morgens früh aufstehen (müssen) Name:	gut Auto fahren (können) Name:
dieses Jahr Ski fahren (wollen) Name:	heute viele Hausaufgabe machen (müssen) Name:	diese Woche eine Prüfung schreiben (müssen) Name:	jetzt schlafen (möchte) Name:
gut Englisch sprechen (können) Name:	weiter Deutsch lernen (wollen) Name:	einen Handstand machen (können) Name:	jetzt ein Eis essen (möchte) Name:
einen Hund zu Hause haben (dürfen) Name:	am Wochenend ins Kino gehen (möchte) Name:	dein Zimmer aufräumen (müssen) Name:	zu Hause laut Musik hören (dürfen) Name:

r Handstand 逆立ち

34

Spiel ② A/B コピー

A

	heute	morgen	Mittwoch	Sonntag
Katrin		ins Café gehen		ins Kino gehen
Olaf	E-Mail schreiben		Romane lesen*	
Inge		Biologie lernen		Yoga machen
Michael	schwimmen		schlafen*	

* 不規則変化動詞

Spiel ② A/B コピー

B

	heute	morgen	Mittwoch	Sonntag
Katrin	Spaghetti kochen		Englisch lernen	
Olaf		Fußballspiele sehen*		Motorrad fahren*
Inge	Klavier spielen		einkaufen gehen	
Michael		ins Konzert gehen		angeln

* 不規則変化動詞

angeln 魚釣りをする

Spiel ③ A/B コピー

A

Wer macht was?

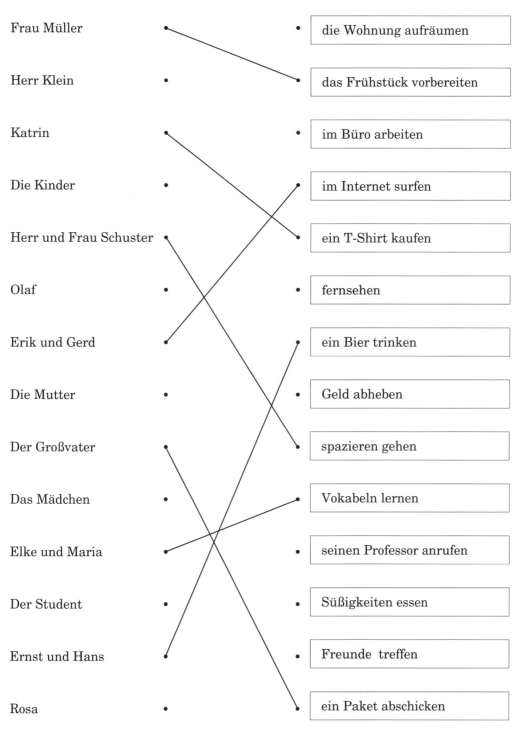

Frau Müller	die Wohnung aufräumen
Herr Klein	das Frühstück vorbereiten
Katrin	im Büro arbeiten
Die Kinder	im Internet surfen
Herr und Frau Schuster	ein T-Shirt kaufen
Olaf	fernsehen
Erik und Gerd	ein Bier trinken
Die Mutter	Geld abheben
Der Großvater	spazieren gehen
Das Mädchen	Vokabeln lernen
Elke und Maria	seinen Professor anrufen
Der Student	Süßigkeiten essen
Ernst und Hans	Freunde treffen
Rosa	ein Paket abschicken

---

pl. Süßigkeiten → *e* Süßigkeit 甘いもの、お菓子　　*s* Paket 小包　　ab | schicken 発送する

Spiel ③

B

Wer macht was?

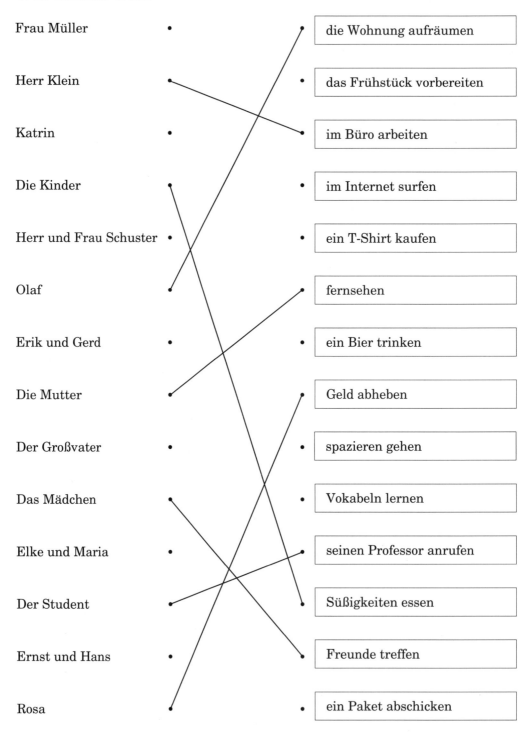

Frau Müller	die Wohnung aufräumen
Herr Klein	das Frühstück vorbereiten
Katrin	im Büro arbeiten
Die Kinder	im Internet surfen
Herr und Frau Schuster	ein T-Shirt kaufen
Olaf	fernsehen
Erik und Gerd	ein Bier trinken
Die Mutter	Geld abheben
Der Großvater	spazieren gehen
Das Mädchen	Vokabeln lernen
Elke und Maria	seinen Professor anrufen
Der Student	Süßigkeiten essen
Ernst und Hans	Freunde treffen
Rosa	ein Paket abschicken

pl. Süßigkeiten → *e* Süßigkeit 甘いもの、お菓子   *s* Paket 小包   ab|schicken 発送する

Spiel ④

A

Wo ist ◯◯ jetzt?
Wohin fährt ◯◯ jetzt ?
Womit fährt ◯◯ ?

	Womit?		Wohin?		Wo?	
Anna	s Fahrrad		r Friseur		e Universität	
Maria						
Tobias	r Bus		e Post		e Bushaltestelle	
Jan						
Lisa	s Motorrad		pl. Alpen		e Schweiz	
Markus						

Spiel ④

B

Wo ist ○○ jetzt?
Wohin fährt ○○ jetzt ?
Womit fährt ○○ ?

	Wo?	Wohin?	Womit?
Anna			
Maria	r Bahnhof	s Hotel	s Taxi
Tobias			
Jan	s Berlin	s München	r Zug
Lisa			
Markus	s Hamburg	e Nordsee	s Auto